国家卫生健康委员会"十四五"规划教材

全国高等学校教材

供医学检验技术专业用

临床生物化学检验技术
实验指导

第 2 版

主　编　左云飞

副 主 编　李洪春　赵云冬

编　委　（以姓氏笔画为序）

马晓磊　济宁医学院　　　　　　　　姜艳梅　大连医科大学附属第一医院

左云飞　大连医科大学　　　　　　　宫心鹏　河北医科大学第二医院

毕　莹　贵州医科大学　　　　　　　徐志伟　河北北方学院医学检验学院

李洪春　徐州医科大学　　　　　　　梁照锋　江苏大学医学院

宋昊岚　四川大学华西临床医学院　　程　凯　山西医药学院

张利芳　内蒙古科技大学包头医学院　谢海涛　南华大学附属第一医院

张洁心　南京医科大学第一附属医院　蔡群芳　海南医科大学

赵云冬　北华大学医学部

编写秘书　姜艳梅（兼）

人民卫生出版社
·北京·

图书在版编目（CIP）数据

临床生物化学检验技术实验指导 / 左云飞主编．
2版 ． -- 北京 ： 人民卫生出版社，2025. 8. --（全国高
等学校医学检验专业第七轮暨医学检验技术专业第二轮规
划教材）． -- ISBN 978-7-117-38336-3

Ⅰ．R446.1

中国国家版本馆 CIP 数据核字第 2025V39V87 号

人卫智网	www.ipmph.com	医学教育、学术、考试、健康， 购书智慧智能综合服务平台
人卫官网	www.pmph.com	人卫官方资讯发布平台

临床生物化学检验技术实验指导

Linchuang Shengwu Huaxue Jianyan Jishu Shiyan Zhidao

第 2 版

主　　编：左云飞

出版发行：人民卫生出版社（中继线 010-59780011）

地　　址：北京市朝阳区潘家园南里 19 号

邮　　编：100021

E - mail：pmph @ pmph.com

购书热线：010-59787592　010-59787584　010-65264830

印　　刷：北京汇林印务有限公司

经　　销：新华书店

开　　本：787×1092　1/16　　印张：10　　插页：2

字　　数：250 千字

版　　次：2015 年 3 月第 1 版　　2025 年 8 月第 2 版

印　　次：2025 年 8 月第 1 次印刷

标准书号：ISBN 978-7-117-38336-3

定　　价：36.00 元

打击盗版举报电话：010-59787491　E-mail：WQ @ pmph.com

质量问题联系电话：010-59787234　E-mail：zhiliang @ pmph.com

数字融合服务电话：4001118166　E-mail：zengzhi @ pmph.com

新形态教材使用说明

新形态教材是充分利用多种形式的数字资源及现代信息技术,通过二维码将纸书内容与数字资源进行深度融合的教材。本套教材全部以新形态教材形式出版,每本教材均配有特色的数字资源,读者阅读纸书时可以扫描二维码,获取数字资源。

获取数字资源的步骤

① 扫描封底红标二维码,获取图书"使用说明"。

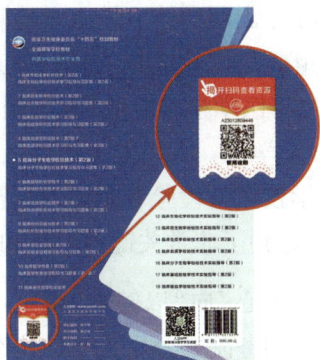

② 揭开红标,扫描绿标激活码,注册/登录人卫账号获取数字资源。

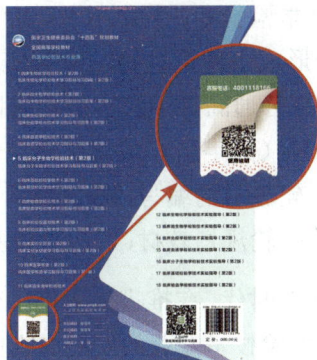

③ 扫描书内二维码或封底绿标激活码随时查看数字资源。

④ 登录 zengzhi.ipmph.com 或下载应用体验更多功能和服务。

扫描下载应用

客户服务热线 400-111-8166

读者信息反馈方式

欢迎登录"人卫e教"平台官网"medu.pmph.com",在首页注册登录后,即可通过输入书名书号或主编姓名等关键字,查询我社已出版教材,并可对该教材进行读者反馈、图书纠错、撰写书评以及分享资源等。

全国高等学校医学检验专业第七轮暨医学检验技术专业第二轮规划教材
修订说明

　　我国高等医学检验专业建设始于 20 世纪 80 年代初，人民卫生出版社于 1989 年出版了第一套医学检验专业规划教材，共 5 个品种。至 2012 年出版的第五轮医学检验专业规划教材，已经形成由理论教材与配套实验指导和习题集组成的比较成熟的教材体系。2012 年，教育部对《普通高等学校本科专业目录》进行了调整，将医学检验专业（五年制）改为医学检验技术专业（四年制），隶属医学技术类，授予理学学士学位。人民卫生出版社于 2013 年启动了新一轮教材的编写，在 2015 年推出了全国高等学校医学检验专业第六轮暨医学检验技术专业第一轮规划教材，对医学检验技术专业的发展起到了非常关键的引领和规范作用。

　　进入新时代，在推进健康中国建设，从"以治病为中心"向"以健康为中心"的转变过程中，医学检验技术专业的发展面临更多机遇与挑战。《国务院办公厅关于加快医学教育创新发展的指导意见》中明确指出，要推进医工、医理、医文学科交叉融合，加强"医学 +X"多学科背景的复合型创新拔尖人才培养。党的二十大报告也提出，要加强基础学科、新兴学科、交叉学科建设。医学检验技术属于典型的交叉学科，医工、医理结合紧密，发展迅速，学科内容不断扩增，社会需求不断增加，目前开设本专业的本科院校已增加到 160 余所，广大院校对教材建设也提出了新需求。

　　为促进教育、科技、人才一体化发展，人民卫生出版社在与教育部高等学校教学指导委员会医学技术类专业教学指导委员会、全国高等医学院校医学检验专业校际协作理事会联合对第一轮医学检验技术专业规划教材的使用情况进行广泛调研的基础上，启动全国高等学校医学检验专业第七轮暨医学检验技术专业第二轮规划教材的编写修订工作。

　　本轮教材的修订和编写特点如下：

　　1. 坚持立德树人，满足社会需求　从教材顶层设计到编写的各环节，始终坚持面向需求凝炼教材内容，以立德树人为根本任务，以为党育人、为国育才为根本目标。在专业内容中有机融入思政元素，体现我国医学检验学科 40 多年取得的辉煌成就，培育具有爱国、创新、求实、奉献精神的医学检验技术专业人才。

　　2. 优化教材体系，服务学科建设　为了更好地适应医学检验技术专业教育教学改革，体现学科特点，提升专业人才培养质量，本轮教材将原作为理论教材配套的实验指导类教材纳入规划教材体系，突出本专业的技术属性；第一轮教材将医学检验专业规划教材中的

《临床寄生虫检验》相关内容并入《临床基础检验学技术》，根据调研反馈意见，本轮另编《临床寄生虫学检验技术》，以适应院校教学实际需要。

3. 坚持编写原则，打造精品教材 本轮教材编写立足医学检验技术专业四年制本科教育，坚持教材"三基"（基础理论、基本知识、基本技能）、"五性"（思想性、科学性、先进性、启发性、适用性）和"三特定"（特定目标、特定对象、特定限制）的编写原则。严格控制纸质教材字数，突出重点；注重内容整体优化，尽量避免套系内教材内容的交叉重复；提升全套教材印刷质量，全彩教材使用便于书写、不反光的纸张。

4. 建设新形态教材，服务数字化转型 为进一步满足医学检验技术专业教育数字化需求，更好地实现理论与实践结合，本轮教材采用纸质教材与数字内容融合出版的形式，实现教材的数字化开发，全面推进新形态教材建设。根据教学实际需求，突出医学检验学科特色资源建设、支持教学深度应用，有效服务线上教学、混合式教学等教学模式，推进医学检验技术专业的智慧智能智育发展。

全国高等学校医学检验专业第七轮暨医学检验技术专业第二轮规划教材共 18 种，均为国家卫生健康委员会"十四五"规划教材。将于 2025 年出版发行，数字内容也将同步上线。希望广大院校在使用过程中能多提供宝贵意见，反馈使用信息，为第三轮教材的修订工作建言献策，提高教材质量。

主编简介

左云飞

教授,博士研究生导师。曾先后担任大连医科大学检验医学院副院长、临床生物化学教研室主任等职务。曾任全国高等院校医学检验专业校际协作理事会生化检验、分子生物学检验、检验仪器及实验室管理学组第十四届常务理事和东北三省生物化学与分子生物学会理事。

在高校从事教学和科研工作 39 年。长期致力于胃肠道肿瘤转移的分子机制及临床转化研究,聚焦肿瘤相关分子在胃肠道肿瘤侵袭转移中的调控作用。主持国家自然科学基金项目 4 项,参与完成国家重点基础研究发展计划(973 计划)1 项。辽宁省一流本科课程负责人,主持教学研究课题多项。以第一作者及通信作者在国际著名期刊 *Gut*、*Advanced Science* 和 *J Hematol Oncol* 等发表学术论文 70 余篇。获得辽宁省科学技术进步奖 6 项,其中一等奖 1 项、二等奖 1 项、三等奖 4 项。主编、副主编及参编国家级规划教材和专著等 15 部。获得辽宁省教学成果奖多项。荣获"辽宁省普通高校优秀青年骨干教师""大连市医药卫生优秀中青年技术骨干"等称号。

副主编简介

李洪春

主任技师，副教授，硕士研究生导师。现任徐州医科大学医学技术学院副院长。担任中国研究型医院学会第二届检验医学专业委员会委员、白求恩精神研究会检验医学分会第一届肿瘤标志物专业委员会委员。

从事高校教学工作34年。主持国家级和省级教改课题10余项。主编或参编《临床生物化学检验》（第5版）等教材10余部。获得江苏省多媒体课件大赛一等奖、第七届和第十三届全国多媒体课件大赛三等奖等多项教学奖项。获得徐州医科大学首届"师德标兵"、"我心目中的好老师"、研究生学术之星"优秀指导教师"等荣誉称号。

赵云冬

教授。曾任全国高等院校医学检验专业校际协作理事会生化检验、分子生物学检验、检验仪器及实验室管理学组第十五届、十六届常务理事。

从事医学检验专业教学工作30年。担任北华大学校级一流课程等负责人。主持完成吉林省科研项目4项，获省级科学技术进步奖二等奖2项；主持完成吉林省教学改革项目3项，获吉林省教学成果奖一等奖1项；主持获批软件著作权2项。获首届全国医学检验技术专业教师虚拟仿真实验教学项目设计大赛一等奖1项，获全国大学生生命科学创新创业大赛指导教师一等奖1项，主编、副主编国家级规划教材多部。获北华大学教学名师称号。

前　言

随着现代科学技术的迅速发展,临床生物化学检验技术的分析手段和内容不断更新,新型医学检验实验仪器和检验项目不断涌现,对医学检验技术的进步产生了巨大的推动作用。

《临床生物化学检验技术实验指导》(第2版)在倪培华教授主编的《临床生物化学检验技术实验指导》的基础上进行更新、补充和完善。本教材编写遵循医学检验技术专业培养目标,适应深化教育综合改革的医学检验教育模式要求,注重学生的临床生物化学检验技术基本知识、基本实践技能和初步科研能力的培养,既反映了本学科的前沿知识和发展趋势,又紧紧围绕人才培养目标的实际需要。体现整体优化、基础强化、素质提升和临床能力培养并重的模式,符合面向社会需求的医学检验技术专业复合型人才的要求。本教材供全国高等医学院校医学检验技术专业本科生使用,同时可供从事临床检验工作的技术人员参考使用。

《临床生物化学检验技术实验指导》(第2版)保持了第1版的风格和特点,以临床生物化学检验技术和能力培养为主线,构建了基本技能性、综合应用性和设计创新性模块。本教材分五章,共56个实验。前四章更新了第1版的部分内容,增加了新的前沿性实验技术和实验方法,各实验包括实验原理、试剂与仪器、操作步骤、结果计算/判读、参考区间/评价标准、注意事项及思考题。为了加强对学生综合能力和创新能力的培养,实验内容力求适应临床需求。第五章增加了以疾病为主线的临床生物化学检验设计性/创新性实验,所选实验项目具有较强的代表性和实用性。旨在培养学生持续更新知识的能力及系统性地发现问题、分析问题和解决问题的综合能力,从而充分激发其发展潜能。

第五章所纳入的病例数据均来源于临床患者。需要特别说明的是,由于不同医疗机构采用的检测设备型号、试剂品牌及检测方法存在差异,各医院检验科提供的检测指标参考区间可能存在不一致的情况。

本教材在编写过程中,得到医学检验界许多专家的指点和帮助。李洪春教授和赵云冬教授结合多年的临床和教学经验,就教材编写思路、内容选择及最后定稿建言献策。姜艳梅主任技师为本教材的整理和完稿做了大量工作。在此一并致以谢意!

本教材由长期从事临床生物化学检验技术教学和临床实践工作的教师共同编写。编委们以高度的责任感完成了各自的编写任务,付出了辛勤的劳动。由于医学检验学科发展迅速,内容涉及范围广泛,编者水平有限,书中难免有疏漏和不当之处,敬请各位专家、同行和读者提出宝贵意见和建议,以便再版时进一步完善。

左云飞

2025年6月

目　录

第一章 临床生物化学检验实验室基本技术

第一节 临床生物化学检验实验室安全

临床生物化学检验实验室涉及多种潜在的化学、生物及物理危害。从尖锐器械的使用到潜在感染性生物样本的处理，每步操作均必须严格遵守安全规程，以预防职业暴露和其他相关风险。一个安全的工作环境能有效防止意外伤害和健康问题，确保检测结果的准确性和可靠性，保障实验室的正常运行。因此，临床生物化学检验实验室应遵循 WS/T 804—2022《临床化学检验基本技术标准》文件要求，采取有效措施保障生物安全、消防安全、信息安全、危险化学品安全及特种设备安全等。

一、生物安全

实验室生物安全是一个涉及避免危险生物因子对实验室人员和环境造成伤害的综合措施体系，其防护需满足 GB 19489—2008《实验室 生物安全通用要求》和 WS/T 442—2024《临床实验室生物安全指南》要求。生物安全贯穿于实验始终，从取样开始到所有潜在危险材料的处理。

（一）血液溢洒应急处理

临床生物化学检验常用的人体标本有血液、尿液、胸腔积液、腹水和脑脊液等，可能存在潜在病毒和细菌等病原微生物传染源，对实验室人员及周围环境造成污染。人体标本中以血液标本最为常用，在处理人体血液样本时，应遵循严格的生物安全与感染控制程序。血液样本采集与处理应在指定生物安全柜或适当实验室环境中进行，所有血液样本应存放在专用、无菌容器中，操作过程中实验人员应穿戴适当的个人防护装备。实验完毕，剩余血液标本及使用过的一次性器材由专人负责，按规定程序消毒和处理，用消毒液浸泡并按七步洗手法进行洗手。

参照 WS/T 442—2024《临床实验室生物安全指南》，血液标本溢洒至实验台面时的应急处理流程是：操作者须穿戴防护用品，对事故区域做出警示；用纸巾（或其他吸收材料）覆盖溢洒物，小心从外围向中心倾倒适量消毒剂，使合适浓度消毒剂与溢洒物混合并作用 30 分钟；小心将吸收了溢洒物的纸巾（或其他吸收材料）连同溢洒物一并收集到医用垃圾袋或容器中，并用新的纸巾（或其他吸收材料）擦拭干净，置于医用垃圾袋中封好。溢洒物中如含有破碎玻璃或其他锐器，不得直接用手接触，应用处理锐器的硬纸板、簸箕、一次性塑料铲等进行收集，或用镊子或钳子将破碎的锐器夹出，然后再用镊子或钳子夹取纸巾（或其他吸收材料）擦拭干净。所有一次性用具应与所处理物一并置于适当大小的锐器盒中，非一次性用品如镊子等，应置于消毒液中浸泡。最后用消毒剂擦拭可能被污染的区域。

（二）锐器刺伤应急处理

如果在实验室不慎被锐器刺伤，其应急处理流程为：①保持冷静，立即停止操作；②使用干净纱布或绷带对伤口进行轻轻压迫，以减少出血；③止血后立即用肥皂和水清洗伤口；④使用碘伏或其他适当消毒剂对伤口进行消毒；⑤评估并决定是否寻求医疗帮助；⑥标记并隔离涉及的锐器和潜在污染物品，准备后续处理；⑦记录事故细节，包括时间、地点、锐器类型和潜在污染源，以及已采取的措施；⑧根据暴露类型及风险进行后续监测。

（三）废物处置

废物处置是生物安全体系中的一个重要环节，对实验室废物应根据《医疗废物分类目录（2021年版）》实施分类管理。废物产生地应有废物分类收集方法的示意图或文字说明。参照 WS/T 442—2024 简述如下：

1. **分类收集**　应根据废物类别，将废物分置于符合 HJ 421—2008《医疗废物专用包装袋、容器和警示标志标准》的包装物或容器内；感染性废物、药物性废物、化学性废物及生活废物不能混合收集。

2. **包装物或容器**　在盛装废物前，应对废物包装物或容器进行仔细检查，确保无破损、渗漏及其他缺陷。盛装的废物达到包装物或者容器的 3/4 时，应使用有效的封口方式，确保包装物或容器的封口紧实、严密。包装物或容器表面被感染性废物污染时，应对被污染处进行消毒处理或增加一层包装。

3. **锐器物**　损伤性废物（如针头、小刀、金属和玻璃等）应置于符合 HJ 421—2008 的锐器盒中。

4. 放入包装物或容器内的感染性或损伤性废物不得取出。

二、消防安全

参照 WS/T 442—2024，将消防安全从临床生物化学检验实验室及实验人员两方面进行描述。

（一）临床生物化学检验实验室

1. 应执行医疗机构根据《中华人民共和国消防法》所制定的消防安全制度和操作规程、灭火和应急疏散预案，并落实消防安全责任制。

2. 应按照国家和行业标准配置消防设施、器材，设置消防安全标志，并定期组织检验、维修，确保完好有效。

3. 应定期组织有针对性的消防演练。

4. 应配备控制可燃物少量泄漏的工具包，如发生明显泄漏应立即寻求消防部门的援助。

5. 如发生火警，应立即按规定报告，寻求消防部门的援助，并告知实验室内存在的危险。

6. **可燃气体及液体**　应尽量减少其存放量；存放的容器应密闭且应存放在符合国家规定和标准的经批准专用贮藏柜或库中；需冷藏的可燃液体应存放在防爆（无火花）冰箱中；操作时应在适用的排风罩中进行；操作时应放置在远离热源或打火源处并避免阳光直射；输送管道应安装紧急关闭阀。

（二）实验人员

1. **遵守规章制度**　所有进实验室做实验的人员必须严格遵守实验室安全规章制度，增强安全意识。如进行有关消防知识的培训，其内容至少包括火险的识别和判断、避免火险的良好操作规程及失火时应采取的措施。

2. 掌握防火常识和技能 应具备基本的防火知识和技能，以便在火灾发生时能采取正确的应急措施。

3. 首次进入实验室 开始实验前，应了解煤气总阀门、水阀门及电闸所在处。离开实验室时必须将室内检查一遍，关好水、电和煤气的开关。

4. 规范使用电气设备 使用电气设施（如恒温水浴箱、分光光度计、离心机等）时，严防触电。绝不可用湿手或在眼睛旁视时开关电闸和电器开关。操作前检查电器是否漏电。确保所有设备均已关闭后方可离开实验室。

三、化学安全

临床生物化学检验实验常涉及多种化学试剂。化学安全应评估所使用化学品的种类及危害，分别配备独立的易腐蚀、易爆、易制爆化学品试剂柜。试剂柜宜连接通风装置，配备消防设备和通信、监控、报警装置。

GB 30000.1—2024《化学品分类和标签规范 第 1 部分：通则》中将化学品危险性分为物理危险、健康危害和环境危害 3 大类 29 项。①物理危险 17 项：爆炸物、易燃气体、气雾剂（气溶胶）和加压化学品、氧化性气体、加压气体、易燃液体、易燃固体、自反应物质和混合物、发火液体（自燃液体）、发火固体（自燃固体）、自热物质和混合物、遇水放出易燃气体的物质和混合物、氧化性液体、氧化性固体、有机过氧化物、金属腐蚀物、退敏爆炸物；②健康危害 10 项：急性毒性、皮肤腐蚀/刺激、严重眼损伤/眼刺激、呼吸道或皮肤致敏、生殖细胞致突变性、致癌性、生殖毒性、特异性靶器官毒性（一次接触）、特异性靶器官毒性（反复接触）、吸入危害；③环境危害 2 项：危害水生环境和危害臭氧层。

当腐蚀性化学品与皮肤黏膜直接接触时，应进行应急处理以减少伤害。如稀盐酸溶液溅到手臂皮肤上，立即用大量流水冲洗，至少持续冲洗 5 分钟；再用肥皂水冲洗即可。如稀盐酸溶液溅入眼睛后，立即翻开上下眼睑，用洗眼液冲洗（洗眼时眼睛尽可能张大），至少持续冲洗 15 分钟，如仍有不适立即前往医院眼科治疗。

除此之外，还有信息系统安全与特种设备安全。信息系统安全管理包括计算机硬件安全、信息系统数据安全、数据使用安全等内容，采取二级保护措施。特种设备使用应取得使用登记证书，操作人员应持有特种设备使用培训合格证明。

第二节 临床生物化学检验实验用水

实验用水具有不同纯度级别，以满足各种实验的应用需求。临床生物化学检验实验室用水标准因用途而异：清洗玻璃器皿可用自来水，而样品稀释和试剂配制需用纯水。

一、实验用纯水的质量要求和水质检测

（一）实验用纯水要求

实验用纯水应满足 WS/T 574—2018《临床实验室试剂用纯化水》要求。

1. 纯水 通常指去离子水，用纯水设备以反渗透、蒸馏、离子交换等方法制备，其电导

率通常 <10μS/cm（25℃），即电阻率 >0.1MΩ•cm（25℃）。

2. **试剂用纯水**　用于一般实验的试剂配制、校准品和质控品复溶等用途的纯水称为试剂用纯水，其要求更高：电阻率≥10MΩ•cm（25℃），或电导率≤0.1μS/cm（25℃）；总有机碳（TOC）<500ng/g；微生物总数 <10CFU/ml；直径 0.22μm 以上的微粒数量 <1 个（不可检出）。

3. 对于绝大多数特殊试剂用纯水，如无相关标准和特定要求，可参照：电阻率≥18MΩ•cm（25℃）；TOC<10ng/g；微生物总数 <10CFU/ml；直径 0.22μm 以上的微粒数量 <1 个（不可检出）。

（二）水质检测

1. **感官检测**　目测为无色、透明、澄清液体，鼻嗅无臭。需每天检测。

2. **电阻率/电导率**　据 GB/T 11446.4 进行测定。每次实验时均需进行检测，可在线或离线进行。电导仪需定期校准，校准频率应不低于一年一次。

3. **总有机碳**　据 GB/T 11446.8 进行测定，可委托给具有相应资质和认证的分包实验室进行检测，每年一次。

4. **细菌总数**　据 GB/T 11446.10 进行测定，可委托给具有相应资质和认证的分包实验室进行检测，每月一次。

5. **微粒数**　据 GB/T 11446.9 进行测定，可委托给具有相应资质和认证的分包实验室进行检测，每季度一次。

二、实验用纯水的制备和贮存方法

将天然水经过简单物理、化学方法处理，除去悬浮物及部分无机盐，得到的便是自来水。自来水及天然水经过蒸馏、电渗析等处理，进一步除去杂质，即可得到实验用纯水。

（一）实验用纯水的制备方法

1. **蒸馏法**　利用水与水中杂质的沸点不同，将自来水（或天然水）在蒸馏器中加热气化，然后冷凝水蒸气即为蒸馏水，此法称为蒸馏法。蒸馏法制备实验用水耗能大，且需要注意管道清洁。蒸馏水是实验室中常用的较为纯净的洗涤剂和溶剂。蒸馏水电阻率约为 0.1MΩ•cm（25℃）。

2. **离子交换法**　当水流过装有离子交换树脂的交换器时，水中的杂质离子通过离子交换柱被除去的方法称为离子交换法。用离子交换法制得的实验用水称为去离子水。此法优点是操作与设备均不复杂，出水量大，成本低。离子交换法能除去原水中绝大部分盐、碱和游离酸，但不能完全除去有机物和微生物。因此，要获得既无电解质又无微生物等杂质的纯水，还须将离子交换水再进行蒸馏。目前实验室常用离子交换法制备纯水，电阻率可达 5MΩ•cm（25℃）以上。

3. **电渗析法**　将自来水通过电渗析器，除去水中阴、阳离子从而实现净化的方法称为电渗析法。电渗析器通常由离子交换膜、电源、辅助材料（垫片、电极、密封垫片）组成。在电渗析器的两电极之间平行交替放置阴、阳离子交换膜，膜间保持一定间距形成隔室，通直流电源后水中离子做定向迁移选择性过膜。此法便于自动化，节省人力，仅耗电能，不消耗酸碱，不产生废液等，能除去水中电解质杂质，但对弱电解质去除效率低，常用于海水淡化。若与离子交换法联用，可制得较好的实验用纯水。电渗析水电阻率一般在 0.01～0.1MΩ•cm（25℃）之间。

4. **活性炭吸附法**　采用活性炭柱去除自来水有机物的方法称为活性炭吸附法。其吸附过程是利用活性炭过滤器的孔隙大小及有机物通过孔隙时的渗透率来完成。此法吸附率与有机物的分子量和分子大小有关,常与其他制备方法组合应用。

5. 过滤法　主要通过物理筛选作用去除水中的悬浮颗粒和微生物,是一种常规制备实验用纯水的方法。过滤法包括微孔过滤法和超滤法,两者的过滤机制和使用的滤膜孔径有所不同。

微孔过滤法又包括深层过滤、表面过滤和筛网过滤三种类型。深层过滤是一种采用编织纤维或压缩材料作为基质的过滤技术,主要通过惰性吸附或捕捉机制截留颗粒物质;此法可有效去除98%以上的悬浮固体,同时可防止下游纯化单元发生堵塞,常被作为预过滤处理。表面过滤采用多层结构滤膜,通过其表面的物理屏障作用截留大于内部空隙的悬浮颗粒物,常用于去除较小的悬浮物;此法可去除99.99%以上的悬浮固体,故可作为预过滤处理或澄清使用。筛网过滤是一种利用具有特定孔径的过滤网来拦截大于孔径的颗粒的过滤技术,主要用于去除最后残留的微量树脂碎片、炭屑、胶质颗粒和微生物,一般被置于纯化系统中的最终使用点。如0.22μm微孔滤膜可滤过所有细菌,常用于静脉注射用的液体、血清及抗生素的除菌处理。

超滤法是一种更为精细的过滤技术,其采用强韧、薄且具有选择通透性的超滤薄膜作为分子筛。此法能有效去除水中的大部分溶解物质和胶体颗粒,包括胶质、微生物和热源,但去除离子和小分子有机物的效果有限。

6. 纯水器系统　将各种实验用水纯化技术有效地集中在一台纯水机上,其基本流程是采用滤膜预处理系统的供水、结合炭吸附和离子交换处理,最后以孔径0.45μm的滤膜除去微生物,从而可制备超纯水。超纯水可用于精密仪器分析、标准品及基准试剂配制、组织细胞培养、分子生物学研究等。

(二)实验用纯水的贮存方法

在实验室实际工作中,正确的贮存方法对于维护纯水的纯度至关重要,实验室应遵循相关标准和制造商的建议,定期对纯水系统进行维护和监测,以保持水质的一致性和纯度。日常贮存实验用纯水时需注意以下几点:

1. 密闭容器贮存　各级用水均使用密闭且专用聚乙烯容器贮存,三级水也可用密闭、专用玻璃容器贮存。新容器在使用前须用盐酸溶液(质量分数为20%)浸泡2~3天,再使用待测水反复冲洗并注满待测水浸泡6小时以上。

2. 避光和温度控制　应将纯水存放在避光和温度可控环境中,以防止藻类生长和微生物繁殖。

3. 定期更换　使用实验用纯水时应标明启用时间,长时间贮存可使水质下降。建议定期更换,以保证水质。

4. 其他　一级水不可贮存,需使用前制备,也可采用超纯水机在线供应的方式即取即用,以确保水质的新鲜和纯净。使用时应避免一切可能的污染,切勿用手接触纯水或容器内壁。应严格管理制水设备的使用、维护及每日水质监控记录。

三、临床生物化学检验实验室用水

临床生物化学检验实验室用水需符合特定标准——《分析实验室用水规格和试验方法》(GB/T 6682—2008),据此分为不同级别,需严格遵守相关标准和规范,以确保实验的准确性和可靠性(表1-1)。

表 1-1 临床生物化学检验实验室用水质量要求及用途

项目	一级	二级	三级
pH（25℃）	—	—	5.0～7.5
电导率（25℃）/（mS/m）	≤0.01	≤0.10	≤0.50
可氧化物质含量（以 O 计）/（mg/L）		≤0.08	≤0.40
吸光度（254nm，1cm 光程）	≤0.001	≤0.01	
蒸发残渣［（105±2）℃］含量 /（mg/L）	—	≤1.0	≤2.0
可溶性硅（以 SiO$_2$ 计）/（mg/L）	≤0.01	≤0.02	—
制备方法	由二级水经过石英设备蒸馏或离子交换混合床处理后，再经 0.22μm 微孔滤膜过滤来制取	由多次蒸馏或离子交换等方法制取	由蒸馏或离子交换方法制取
用途	有严格要求的分析试验，包括对颗粒有要求的试验，如高效液相色谱分析用水	无机痕量分析等试验，如原子吸收光谱分析用水	一般化学分析试验

第三节 临床生物化学检验实验试剂

临床生物化学检验是医学实验室专门从事生物体内化学成分分析的专业领域。临床生物化学检验实验中，了解试剂的规格、性质及其特点，并掌握其配制、应用和保管方法，是保证实验数据科学性和减少误差及浪费的基础。目前实验室试剂使用及管理采用我国现行的 GB/T 22576.4—2021《医学实验室 质量和能力的要求 第 4 部分：临床化学检验领域的要求》，其中指出试剂和耗材应符合 GB/T 22576.1—2018 中 5.3.2 规定。

一、化学试剂规格要求

试剂规格又称试剂级别或类别，一般按实际用途或纯度、杂质含量来进行分类。国际上常按使用需求划分。选择试剂品级应基于实验需求。纯度、杂质、提纯难度及物理特性是试剂的定级标准，特定用途如光谱、色谱或 pH 标准也影响试剂的等级划分。化学试剂根据其纯度及杂质含量多少可分为四个等级（表 1-2）。我国化学试剂属于国家标准的附有 GB 代号，属于原化学工业部标准的附有 HG 或 HGB 代号。国标试剂为我国国家标准所规定，适用于检验、鉴定、检测。

表 1-2 化学试剂分类

等级	英文名称	规格要求	主要用途	标签颜色
优级纯	guaranteed reagent，GR	纯度高（99.8%），杂质极少	精密分析和科学研究	绿色
分析纯	analytical reagent，AR	纯度略低于优级纯（99.7%），杂质含量略高于优级纯	重要分析及一般性研究工作	红色

续表

等级	英文名称	规格要求	主要用途	标签颜色
化学纯	chemical pure，CP	纯度较分析纯低（99.5%），但高于实验试剂	工厂、学校一般性分析工作	蓝色
实验试剂	laboratory reagent，LR	纯度比化学纯低，比产业品纯度高	一般化学实验，不能用于分析工作	黄色

二、化学试剂的选用

在临床生物化学检验实验中，试剂的选择应基于明确的实验目标和要求，选用试剂时需考虑：

1. **试剂纯度** 根据实验精度需求选择适当纯度试剂，临床生物化学检验通常需用高纯度试剂以降低实验误差。

2. **试剂稳定性** 选择稳定性能好的试剂，以保证其在储存和使用过程中的一致性和有效性。

3. **批号和生产日期** 购买试剂时，检查批号和生产日期以确保其未过期，并优选同批次产品以减少批次差异对实验的影响。

4. **干扰物质** 评估试剂潜在的干扰物对实验结果的可能影响。

5. **可信性** 选择经质量管理体系认证的厂家，确保产品有合格证书。优选信誉高的供应商，以获得质量保证和良好的售后支持。

6. **配套性** 确保实验中多种试剂相互兼容，避免不良反应。

7. **安全性** 遵守安全规范，确保试剂的运输、存储和使用安全。

8. **成本效益** 在保证质量的情况下，考虑试剂的成本效益。

三、实验试剂的配制与管理

（一）试剂配制

根据实验手册或标准操作程序进行。按照配制试剂的浓度、体积计算其所需的质量或体积并进行准确量取。对于需要混合的试剂，确保它们完全混合均匀。

电子天平是定量分析工作中不可缺少的重要仪器，使用过程中应按照 GB/T 26497—2022《电子天平》要求，充分了解其性能并熟练掌握使用方法。

使用电子天平时需要注意：①天平需置于稳定、干净、干燥的室内环境中，避免直射光线；②称量时通过侧门操作，读数时关闭箱门避免气流干扰，前门仅限维修或清理时使用；③长时间不使用的电子天平建议每周预热 2 小时，以保持良好状态；④天平内应放吸潮剂（如硅胶），并在其变色时通过高温烘烤更换，以确保除湿效果；⑤称量挥发性、腐蚀性及强酸强碱物质时需用带盖瓶，以防天平受损；⑥检定周期一般不超过 1 年。

（二）试剂贮存

试剂的贮存应依据其化学性质和制造商建议，选择合适的条件。①控制贮存温度与湿度，对于温度敏感试剂应使用恒温设备；对于易吸湿或水敏试剂，应在干燥器或密封容器中保存。②定期检查试剂的有效期，避免使用过期试剂。③试剂标签应保持清晰可读。

（三）试剂管理与使用

1. 安全管理　配制和使用试剂时，应佩戴适当的个人防护装备，如手套、口罩和护目镜等；避免试剂与皮肤、眼睛或口腔接触。处理废弃物时，应遵循实验室的安全规定。

2. 记录与文档管理　对于每批试剂的采购、配制、使用和存储，都应有详细的记录。建立试剂管理数据库，以便于追踪和管理。

3. 持续教育与培训　确保实验室人员定期接受关于新试剂、新技术和安全措施的培训。

四、临床生物化学检验试剂盒的选择与性能验证

（一）临床生物化学检验试剂盒的选择

试剂盒组分可包括试剂（酶、抗体、缓冲液与稀释液）、校准物、控制物和其他物品及材料等。选择试剂盒时，应考虑其适用范围、灵敏度、特异性、稳定性和成本等因素。同时，还应查看厂商提供的质控品和参考范围，以确保试剂盒能够满足临床实验室常规生化检验的要求。选择试剂盒时一般遵循以下原则：

1. 符合质量标准要求　方法特异性好、灵敏度高，准确度及精密度必须符合国际临床化学和实验室医学联盟（International Federation of Clinical Chemistry and Laboratory Medicine，IFCC）、世界卫生组织（World Health Organization，WHO）、国家卫生健康委临床检验中心（National Center for Clinical Laboratories，NCCL）等组织推荐的试剂盒质量标准。

2. 必须有国家药品监督管理局（National Medical Products Administration，NMPA）批文　不使用未经审批/备案的体外诊断试剂、无生产批准文号或批文无效的试剂、进口未备案或走私的试剂、包装标识违规及未通过国家质量评价的试剂。

3. 充分了解或考察　选用前应先对试剂盒包装、物理性质及方法学性能等进行充分了解或考察，以确认各种性能参数符合试剂盒说明书声明及本实验室的需求。

4. 有配套使用的校准品　校准品应符合 IFCC、WHO、NCCL 等组织的推荐标准和要求，最好能提供溯源性材料及说明。

5. 试剂盒有效期　根据本实验室开展实验项目及人数计算试剂需用量、试剂复溶后的稳定时间等，选用规格合适、出厂时间短的试剂盒。

（二）临床生物化学检验试剂盒的性能验证

试剂盒性能验证应在最佳实验条件下进行，操作规范、实验用水合格；使用的容器经过校准；校准品浓度或定值血清靶值均经过验证；仪器性能如波长、反应温度、加样准确性、稳定性等均处于良好状态。试剂盒正式使用前，应对其分析性能进行简单评价，依据 GB/T 26124—2011《临床化学体外诊断试剂（盒）》要求，性能评价一般包括以下几个方面的内容：

1. 试剂空白吸光度　判定试剂盒质量的有效指标。用指定空白样品测试试剂盒，在测试主波长下，记录测试启动时的吸光度（A_1）和约5分钟后的吸光度（A_2），A_2 即为试剂空白吸光度测定值，应符合生产企业给定范围。

2. 试剂空白吸光度变化率　主要反映干扰程度和仪器的稳定性。速率法测试试剂盒，用指定空白样品测试试剂盒，在测试主波长下，记录测试启动时的吸光度（A_1）和约5分钟后的吸光度（A_2），（A_2-A_1）/t 即为试剂空白吸光度变化率（$\Delta A/t$），应不超过生产企业给定值。

3. 分析灵敏度　一般用于批间比较，反映制造商的配方、原料的一致性。试剂盒测试某单位被测物时，用已知浓度或活性的样品测试试剂盒，记录在试剂盒规定参数下产生的吸光度改变。换算为某单位吸光度差值（ΔA）或吸光度变化率（$\Delta A/t$）。应符合生产企业给

定范围,以适合待测物检测范围为原则。

4. 线性范围 取高浓度和低浓度两种标本按不同比例混合成至少 5 个稀释浓度(x_i),分别测试样本,每个稀释浓度测试 3 次,求出每个稀释浓度测定结果的均值(y_i),以 x_i 为自变量,以 y_i 为因变量,求出线性回归方程,计算线性回归相关系数。线性范围内的分析性能应符合:①线性相关系数(R^2)≥0.990;②线性偏差不超过生产企业给定值。

5. 测量精密度 试剂盒一般采用批内重复试验,干粉或冻干试剂一般采用批内瓶间差试验,三批试剂采用批间差试验,相应指标值均不超过生产企业给定值。

6. 准确度 可进行相对偏倚、比对试验、回收试验。

7. 稳定性

(1)热稳定性试验:生化检验试剂盒一般置 2~8℃保存,可用加速试验来估计。

(2)开瓶稳定性:干粉试剂开瓶后(复溶后)在规定贮存条件下保存至预期时间内,试剂(盒)在规定贮存条件下保存至有效期末,产品性能至少应符合线性及准确度要求。

第四节 临床生物化学检验实验室器材与仪器

临床生物化学检验的实验设备涵盖了从样本处理到分析测量各个环节的工具。常见的器材包括玻璃器皿、微量移液器、恒温水浴箱、分光光度计、离心机及自动生化分析仪等。

离心机可用于分离血清或血浆,恒温水浴箱可用于控制反应温度,自动生化分析仪则能进行肝功能、肾功能、心肌损伤标志物等快速测定。以下主要介绍手工操作常用到的玻璃器皿、微量移液器、分光光度计及离心机的使用。

一、实验用玻璃器皿的分类、清洗及使用

临床生物化学检验结果应有较好的准确性及较高的灵敏度,这不仅要求检验人员应具备较好的基础理论知识和扎实的业务素质,还要求临床生物化学实验室的仪器设备完好、容量器皿的准确度和玻璃器材的清洁度均达到一定的要求,如玻璃器皿:①清洁透明;②冲洗水沿器壁自然下流时不挂水珠;③烘干后玻璃表面无可视污渍。

(一)玻璃器皿的分类

1. 容器类 用于存放或混合化学物质的器皿,包括试剂瓶、烧杯、烧瓶等。根据其能否受热可进一步分为可加热和不宜加热器皿。

2. 量器类 用于测量液体体积的器皿,包括量筒、移液管、滴定管和容量瓶等。量器类一律不能受热。

3. 其他器皿 具有特殊用途的玻璃器皿,如冷凝管、分液漏斗、干燥器、分馏柱、砂芯漏斗与标准磨口玻璃仪器等。瓷质类器皿包括蒸发皿、布氏漏斗、瓷坩埚和瓷研钵等。

(二)玻璃器皿的清洗

1. 新购置的玻璃器皿 新购置的玻璃器皿常附着游离碱性物质,可先用大小合适的毛刷及肥皂水(或去污粉)洗刷内外表面(内壁用旋转手法刷洗),然后用自来水冲洗至容器壁不挂水珠;再用 1%~2% 盐酸浸泡 4~6 小时以除去游离碱,然后用流水冲洗;最后用蒸馏水冲洗 2~3 次,晾干或在烘箱内烘干备用。

2. 使用过的玻璃器皿 一般玻璃器皿如烧杯、试管、离心管等普通玻璃器皿可直接用

大小合适的毛刷蘸洗衣粉刷洗，然后用流水冲洗，最后用蒸馏水冲洗 2~3 次，倒置控干即可。凡不能用毛刷刷洗的容量类玻璃器皿如容量瓶、刻度吸管等，在使用后应立即用自来水冲洗数次（勿使物质干硬），再用蒸馏水冲洗 2~3 次即可。如果仍然不干净，则须干燥后用铬酸洗液浸泡数小时，再用清水和蒸馏水冲洗。

传染性标本（如病毒、传染病患者血清等）污染过的器皿，应浸泡在杀菌剂（煤酚皂溶液或过氧乙酸等）中过夜，进行消毒后再清洗。

3. 比色皿（杯） 临床生物化学检验实验常用光学玻璃比色杯，使用完毕立即用蒸馏水或去离子水反复冲洗干净。如有顽固污垢，可用稀盐酸浸泡，自来水冲洗后再用蒸馏水反复冲洗干净；或用软毛刷（或棉签）轻轻擦拭比色杯内部后再用蒸馏水反复冲洗干净，倒置于干净滤纸上晾干备用。切忌用试管刷或粗糙的布、纸擦拭，以免损坏比色皿的透光度。应避免用较强碱或强氧化剂清洗。

4. 玻璃量器

（1）被石蜡、凡士林或其他油脂类污染的玻璃量器：需单独洗涤。洗涤前，先将量器倒放于具有强吸水力的几层厚纸上，置 100℃ 烤箱中烘烤 0.5 小时，使油脂熔化并被厚纸吸收，再置于碱性溶液中煮沸趁热洗刷，从而去除油脂，然后再按一般洗涤要求进行。

（2）染料污染的玻璃量器：过去常用清水初步清洗后再置于重铬酸清洁液或稀盐酸中浸泡便可除去染料。现在常使用中性洗涤剂、超声波清洗或酶基清洁剂等方法，可安全有效除去染料。

（3）盛过强酸、强碱及高浓度试剂的玻璃量器：液体直接倒入回收废液桶，再用自来水冲洗数次，最后按一般洗涤要求进行。

（4）微量元素测定的一整套玻璃器皿：需单独清洗。先以稀硝酸浸泡，再用去离子水冲洗。经过清洗之后的玻璃量器，其清洁的标志是当水面下降或上升时与器壁接触处形成正常的弯月面，水流出时器壁上无水珠附着。

5. 干燥 玻璃量器经洗涤清洁后，一般多放在晾架上倒挂自然干燥，也可置烤箱中 80℃ 以下烤干。

（三）玻璃器皿的使用

1. 量筒 是一种由底座与筒身焊接而成的器皿，不能用于量取高温液体或直接加热；也不宜用作反应容器。量筒的规格有 10ml、25ml、50ml、100ml、250ml、500ml、1 000ml 等，常用于不太精密的液体计量（量筒的测量误差约为其总容量的 ±1%）。

2. 容量瓶 通常由一个筒状身体、窄颈部及带有刻度的瓶颈组成，应与瓶塞配套使用，使用前应检查是否漏水。容量瓶的规格有 25ml、50ml、100ml、250ml、500ml、1 000ml 等。用容量瓶配制溶液时，应先将固体试剂在烧杯中溶解后再转入容量瓶中，然后加溶剂至标线即可。当溶剂加到快接近标线时应停顿 30 秒左右，待瓶颈上部液体流下后，再小心逐滴加入，直至溶液的弯月面最低点与标线相切，然后反复倒转摇动，使溶液充分混匀。容量瓶不能加热，也不能烘烤，否则可使其容积发生改变。容量瓶主要用于准确浓度及容积试剂的配制。

3. 分度吸量管 又称刻度吸管，是一种长筒形、带有分度线的精密量出式玻璃量器，用于准确测量并转移特定体积的溶液。常用规格为 0.1ml、0.2ml、0.5ml、1ml、2ml、5ml、10ml 等。根据需要移取溶液体积选择适当规格吸量管，应等于或近似等于所要移取溶液的体积。使用时应分清并选用合适的吸量管类型，GB/T 12807—2021《实验室玻璃仪器 分度吸量管》中将分度吸量管分为不完全流出式、完全流出式、有等待时间式与吹出式四种。

分度吸量管使用前应先用水清洗，再用待用液体淌洗。用其移取溶液时，应规范操作。按 GB/T 12810—2021《实验室玻璃仪器　玻璃量器的容量校准和使用方法》简述如下：

（1）吸液：用吸耳球在吸量管上端口将液体吸入至刻线上几毫米处，迅速用手指按住吸管上端口，然后缓慢松开手指使吸量管内的液体缓慢流出至弯液面的最低点与刻线上缘相切。

（2）移液：将吸量管移至接收容器的上方，并使流液嘴靠在容器内壁，彻底松开手指，让液体全部自然流出。

在吸量管流液嘴与容器器壁脱离之前，应遵守规定的等待时间，通常吸量管挂壁液体至流液嘴的等待时间为 3 秒。吸量管流液嘴处的余液不应排出。若吸量管标注有"吹出"字样，则应将余液排出，作为量出容量的一部分。

（四）玻璃量器的容量校正

一般由有资质的计量机构对玻璃量器进行校正。参照 GB/T 12810—2021 要求，将待校正的玻璃量器彻底清洗后视情况而定是否干燥，准确称其重量，然后加入蒸馏水或去离子水至刻度标记后再称量，并测量此时水的温度。两次称量差值即为容器中水的质量，将水的质量除以相应温度时水的密度（表 1-3），便可得到待校正玻璃量器的容积，重复三次求平均值。如果实测值与标称值的差异在允许偏差范围内，则该容器可继续使用，否则将真实值记录在瓶壁上，以备计算时校正使用。

表 1-3　不同温度时水的密度

温度/℃	密度/(g/ml)	温度/℃	密度/(g/ml)	温度/℃	密度/(g/ml)
10	0.998 39	17	0.997 65	24	0.996 39
11	0.998 31	18	0.997 50	25	0.996 18
12	0.998 23	19	0.997 34	26	0.995 94
13	0.998 14	20	0.997 18	27	0.995 70
14	0.998 04	21	0.997 00	28	0.995 45
15	0.997 93	22	0.996 80	29	0.995 19
16	0.997 80	23	0.996 61	30	0.994 92

二、移液器的使用和校准

移液器为量出式量器，分定量移液器和可调移液器两大类。临床生物化学检验实验室主要用可调移液器。其常用规格有 0.25～2.5μl、1～10μl、2～20μl、5～50μl、10～100μl、20～200μl、100～1 000μl 等多种。

（一）移液器的使用

使用前根据移取液体体积选择合适的移液器，移取液体的体积须在所选择移液器特定量程范围内并接近其最大量程。

（二）移液器的校准

移液器的校准一般由有资质的计量机构进行，需遵循正确的操作步骤和量程设定原则。每年应检验校正 1 次，其容量检定按 JJG 646—2006《移液器》要求简述如下：检定环境为室温（20±5）℃且室温变化不得大于1℃/h，按移液器总量程的100%、50%、10%分别进行校准。按规范操作吸取蒸馏水，并称其蒸馏水重量，同时记下蒸馏水重量及水温（也可用水银代替水），计算出容积及校正值，若相对偏差>2%且相对标准偏差大于1%时判为不合格，应进行调整。调整后必须再进行检测，直至移液器能正确给出调整的容积。通过定期的校准和维护，可延长移液器的使用寿命，提高实验数据的可靠性。

三、分光光度计的使用与性能验证

（一）分光光度计使用

临床生物化学检验实验室常用可见分光光度计，因其种类繁多，仪器构造各不相同，操作流程存在一定差异。

进行吸光度测定时，分光光度计需与比色皿（杯）配套使用，比色皿（杯）须满足GB/T 26791—2011《玻璃比色皿》要求。使用比色皿（杯）时需注意：①拿取比色皿（杯）时，避免接触其光学面，以防比色皿（杯）受力破损；②盛液高度约为比色皿（杯）的2/3，光学面如有残液可先用滤纸轻轻吸附，然后再用镜头纸擦拭；③凡含有腐蚀玻璃物质的溶液，不得长期盛放在比色皿（杯）中；④比色皿（杯）在使用后，应立即用蒸馏水反复冲洗干净，如有污染物黏附冲洗不干净时，可用盐酸或适当溶剂清洗，避免用强碱或强氧化剂清洗；⑤比色皿（杯）不能受热，更不能烘烤。

（二）分光光度计性能验证

分光光度计的性能验证一般由有资质的计量机构进行，指标包括：①波长准确度及波长重复性；②透射比准确度及透射比重复性；③杂散光；④波长边缘噪声；⑤基线平直度；⑥基线暗噪声；⑦光谱带宽；⑧漂移；⑨电源电压变化时引起的透射比变化等。在进行验证时，应遵循JJG 178—2007《紫外、可见、近红外分光光度计》检定规程及GB/T 26810—2011《可见分光光度计》文件要求执行。

四、离心机的使用与维护保养

（一）离心机的使用

临床生物化学检验实验室主要使用低速离心机，其使用条件须满足GB/T 30099—2013《实验室离心机通用技术条件》。离心机的使用必须严格遵守操作规程，使用时务必注意，启动电源后须等离心机自检后再开启门盖、选用合适的转头、对称放置以保持平衡等。

（二）离心机的维护与保养

1. 日常维护与保养 ①转子锁定螺栓检查：须确保其已拧紧；②转子清洁：使用约55℃温水及中性洗涤剂清洗、蒸馏水冲洗转子以去除残留物质；③干燥与保护：用软布擦干转子后用电吹风吹干、上蜡、干燥保存以防止锈蚀和氧化。

2. 月维护与保养 ①内部清洁：用温水和中性洗涤剂清洁转子与离心机内腔等以防止污染物积累；②消毒处理：用70%乙醇对转子进行消毒。

3. 年度维护与保养 ①全面检查：与专业经销商联系检查离心机主要部件如转子、门盖、腔室及控制系统等，保证各部位的正常运转；②性能验证：检查和验证速度控制系统的准确性，以确保离心机在长期运行后仍能提供准确的转速；③零件更换：根据检查结果，更换磨损或损坏的部件，以确保离心机的性能不受影响。

（蔡群芳）

第二章 临床生物化学检验常用技术

随着分析化学、生物化学和临床医学的发展，临床生物化学检验技术与自动化、计算机技术不断融合，水平迅速提升，许多新技术和新内容相继应用到临床检验中。本章重点介绍临床应用广泛的生物化学检验技术，如电泳技术、电化学技术、免疫化学技术和质谱技术等。

第一节 电 泳 技 术

带电颗粒在电场作用下，向着与其电性相反的电极移动的现象，称为电泳（electrophoresis，EP）。利用带电粒子在电场中移动速度不同而实现分离的技术称为电泳技术。在电泳时，蛋白质在介质中的移动速度与其分子的大小、形状和所带的电荷数量有关。常用的电泳技术主要有琼脂糖凝胶电泳、乙酸纤维素薄膜电泳、聚丙烯酰胺凝胶电泳、等电聚焦电泳、免疫固定电泳、双向电泳和毛细管电泳等。

实验 1 乙酸纤维素薄膜电泳法测定血清蛋白

乙酸纤维素薄膜电泳（cellulose acetate membrane electrophoresis，CAME）是以乙酸纤维素薄膜作为介质的一种区带电泳技术。它具有操作简单、快速、成本低、应用范围广和样品吸附少等特点。已经广泛应用于血清蛋白、血红蛋白、乳酸脱氢酶同工酶、糖蛋白、多肽及其他生物大分子的分析检测，是临床检验的常规技术。

【实验目的】

掌握：乙酸纤维素薄膜电泳法的基本原理和实验步骤。

熟悉：乙酸纤维素薄膜电泳的优点及注意事项。

了解：乙酸纤维素薄膜电泳的应用范围。

【实验原理】

血清中含有多种蛋白质，它们的等电点均在 7.5 以下，在 pH 8.6 的缓冲液中解离后带负电荷，在电场中向正极泳动。由于等电点不同的蛋白质解离后所带电荷量不同，它们的分子量和形状也不尽相同，因而在电场中的迁移速度不同。经乙酸纤维素薄膜电泳后的血清蛋白质，可清晰地呈现 5 条区带，分别为：白蛋白、α_1- 球蛋白、α_2- 球蛋白、β- 球蛋白和 γ- 球蛋白。这些区带经洗脱后可直接进行光吸收扫描，绘制出区带吸收峰及计算出相对百分比。

【试剂与仪器】

1. 试剂

(1) 巴比妥缓冲液（pH 8.6，I = 0.06）：称取巴比妥钠 12.76g，巴比妥 1.66g，置于三角烧瓶中，加蒸馏水约 800ml，加热助其溶解，冷却后加蒸馏水定容至 1 000ml。4℃保存备用。

(2) 氨基黑 10B 染色液：称取氨基黑 10B 0.5g，甲醇 50ml，冰乙酸 10ml，加入蒸馏水定容至 100ml。

(3) 漂洗液：量取 95% 乙醇 45ml，冰乙酸 5ml，蒸馏水 50ml，混匀。

(4) 洗脱液：0.4mol/L NaOH 溶液。

(5) 透明液：称取 N- 甲基 -2- 吡咯烷酮 150g 和柠檬酸 21g，混匀，加蒸馏水并稀释至 500ml。

2. 仪器 乙酸纤维素薄膜、点样器、培养皿、镊子、电泳仪、直流电源、水平电泳槽、分光光度计（吸光度扫描仪）和滤纸等。

【操作步骤】

1. 标本准备 常规静脉采血约 3ml，3 500r/min 离心 5 分钟分离血清。有条件可检测血清总蛋白浓度。

2. 仪器准备 将缓冲液注入电泳槽的两槽中，两侧电极槽的缓冲液高度相同。用纱布或者滤纸做盐桥，一端与支架前沿对齐，一端浸入电泳槽的缓冲液中，使盐桥全部湿润。在乙酸纤维素薄膜无光泽面一端约 1.5cm 处用铅笔做好标记，作为点样位置。然后将薄膜无光泽面向下放进巴比妥缓冲液中，浸泡约 20 分钟，待薄膜上无可见白斑或点状的不透明区取出，将无光泽面朝上置于干净滤纸上，用滤纸吸去多余的缓冲液。

3. 点样 用加样器取血清（约 15μl），加在点样线上，待样本全部渗入薄膜后，移开点样器。

4. 电泳 将薄膜条架于支架两端，点样面朝下，点样侧置于负极端。薄膜应位正，平直无弯曲，加上槽盖平衡 5 分钟。调节电压 10～15V/cm 膜，开启电源，电泳 40～60 分钟，泳动距离约达 3.5～4.0cm 时即可停止。

5. 染色 电泳结束后，将薄膜条放入染液中 5～10 分钟，染色过程中不时轻轻晃动染液，使染色更加充分。

6. 漂洗 从染液中取出薄膜，尽量沥去染液，放入漂洗皿中反复漂洗，直至背景无色为止。此时可见清晰 5 条区带，待其自然干燥。

7. 定量

(1) 洗脱比色法：将各蛋白区带仔细剪下，分别置于各试管内，另从空白部分剪下与各蛋白区带宽度一致的薄膜，置于空白管中，在白蛋白管内加入 0.4mol/L NaOH 溶液 4ml（计算时吸光度乘 2），其余各管加入 0.4mol/L NaOH 溶液 2ml，振摇数次，置于 37℃水浴 20 分钟，待颜色脱净后，取出冷却。用 620nm 波长以空白管调零比色，读取各管吸光度值。

(2) 光密度计扫描法定量：将薄膜浸入透明液中 2～4 分钟，取出后贴于洁净优质的薄玻璃板上，将玻璃板竖起，除去一定透明液后，于 90～100℃烤箱内烘烤 15～20 分钟，取出冷却至室温，此透明膜可长期保存。利用扫描仪对薄膜进行扫描，获取各蛋白质区带的吸光度，计算各蛋白质的相对含量。

【结果计算】

$$各组分蛋白质百分数（\%）=\frac{Ax}{At}\times100\%$$

各组分蛋白质浓度（g/L）=各组分蛋白质百分数（%）×血清总蛋白浓度（g/L）

式中：Ax 表示各个组分蛋白质（白蛋白、α_1-球蛋白、α_2-球蛋白、β-球蛋白、γ-球蛋白）吸光度；At 表示各组分蛋白质的吸光度总和。

【参考区间】

由于各实验室采用的电泳条件不同，标本来源有差异，故表 2-1 的参考区间仅供参考，各实验室可根据自己的条件确定参考区间。

表 2-1　血清蛋白电泳的参考区间

蛋白质组分	蛋白质百分数 /%	蛋白质浓度 /（g/L）
白蛋白	59.8～72.4	35.0～52.0
α_1-球蛋白	1.0～3.2	1.0～4.0
α_2-球蛋白	7.4～12.6	4.0～8.0
β-球蛋白	7.5～12.9	5.0～10
γ-球蛋白	8.0～15.8	6.0～13.0

【注意事项】

1. 标本应新鲜，不得溶血。如血清总蛋白含量超过 80g/L，应将血清稀释 2 倍后加样，否则白蛋白含量太高，区带染色不充分，导致定量不准确。

2. 操作过程中为了避免指纹污染，应戴手套。

3. 电泳槽两侧的缓冲液面应保持一水平面，否则通过薄膜时有虹吸现象，将会影响蛋白质分子的泳动速度。

4. 乙酸纤维素薄膜为干膜片，电泳前必须在巴比妥缓冲液中自然浸泡透彻。

5. 点样前，应将薄膜表面多余的缓冲液用滤纸吸去，以免引起样本扩散。点样时动作要轻、稳，避免损坏膜片。

6. 电泳时应选合适的电流，过高产生热效应，过低电泳速度过慢易扩散。

【思考题】

1. 乙酸纤维素薄膜电泳分离血清蛋白质的基本原理是什么？

2. 应用乙酸纤维素薄膜电泳分离血清蛋白质时应注意哪些问题？

3. 血清蛋白电泳时为什么要将点样的一端靠近负极端？

（姜艳梅）

实验2　聚丙烯酰胺凝胶电泳法分离尿液蛋白

聚丙烯酰胺凝胶电泳（polyacrylamide gel electrophoresis，PAGE）是以聚丙烯酰胺凝胶

作为支持介质的一种常用电泳技术,可用于分离蛋白质和寡核苷酸。

【实验目的】

掌握:聚丙烯酰胺凝胶电泳的基本原理和操作步骤。

熟悉:聚丙烯酰胺凝胶电泳的特点及注意事项。

了解:聚丙烯酰胺凝胶电泳应用范围。

【实验原理】

在十二烷基硫酸钠(sodium dodecyl sulfate,SDS)和 β-硫基乙醇的作用下,尿液中蛋白质的三级结构被 SDS 破坏,分子中的二硫键被 β-硫基乙醇还原,折叠的蛋白质形成线性分子,并与 SDS 按一定比例形成 SDS-蛋白质复合物。该复合物所带负电荷数远超出了原蛋白质所带的电荷数,消除了各蛋白质分子原有的电荷差异。电泳时,蛋白质复合物向正极迁移,尿液中各种蛋白质因分子量的大小不同,通过凝胶的分子筛作用时迁移率不同,进而分成不同的区带。电泳后,经考马斯亮蓝染色,可清晰分辨所测标本的蛋白质区带,根据同时电泳的已知分子量的蛋白质标准品,可判定尿中蛋白质分子量的范围,进而分析蛋白尿的类型。

【试剂与仪器】

1. 实验试剂及配制方法

(1)30% 丙烯酰胺凝胶贮备液:分别称取 30g 丙烯酰胺(acrylamide,Acr)和 1g 亚甲基双丙烯酰胺(bis acrylamide,Bis),加去离子水至 100ml,经过滤后,棕色瓶 4℃ 保存备用。

(2)分离胶缓冲液(1.5mol/L):称取三羟甲基氨基甲烷(Tris)36.34g,加去离子水充分溶解后,用浓盐酸调整 pH 至 8.8,定容至 200ml,高温灭菌后 4℃ 保存。

(3)浓缩胶缓冲液(1.0mol/L):称取 Tris 24.22g,加去离子水彻底溶解后,用浓盐酸调整 pH 至 6.8,定容至 200ml,高温灭菌后 4℃ 保存。

(4)电泳缓冲液:于 900ml 蒸馏水中分别加入 15.1g Tris、94g 甘氨酸、5g SDS,混匀后加去离子水至 1 000ml,用时稀释 5 倍。

(5)10% SDS:称取 SDS 10g,加去离子水至 100ml。

(6)上样缓冲液:1.0mol/L Tris-HCl(pH 6.8)0.6ml,50% 甘油 5ml,β-硫基乙醇 0.5ml,10% SDS 2ml,1% 溴酚蓝 1ml,加去离子水至 10ml。

(7)催化剂(10% 过硫酸铵):过硫酸铵 1g 加蒸馏水 10ml,临用前现配。

(8)加速剂(1% 四甲基乙二胺,tetramethylethylene diamine,TEMED)。

(9)固定液(12.5% 三氯乙酸)。

(10)染色液(0.25% 考马斯亮蓝 R-250):称取 1.25g 考马斯亮蓝 R-250,加入 50% 的甲醇 454ml,加入冰乙酸 46ml。

(11)洗脱液(冰乙酸):量取冰乙酸 38ml,加甲醇 125ml,加去离子水 500ml。

(12)保存液(7% 冰乙酸)。

(13)蛋白标准品。

2. 实验仪器 电源、电泳仪、垂直板电泳槽、微量加样器、量筒、烧杯、注射器及天平等。

【操作步骤】

1. **装置的组装(不同实验室装置会有所不同)** 清洗干净配套设备,将清洗晾干后的玻璃板扣紧,短板朝外放置于制胶槽中,固定后放置于制胶台上,用蒸馏水检查密闭性。

2. **凝胶的制备** 按照表 2-2 中溶液的顺序和比例,配制 8% 的分离胶和 5% 的浓缩胶。分离胶混匀后迅速用滴管沿长玻璃板的内侧缓缓地滴入,在距离短玻璃板上沿 2cm 处停止,用注射器加去离子水进行液封。室温放置约 30 分钟,待聚合后,去除水层并用吸水纸吸干残余液体。将配制好的浓缩胶用滴管小心地加在分离胶的上面,插入样品梳,待浓缩胶聚合后,小心拔出样品梳。

表 2-2 分离胶和浓缩胶的配制表

试剂名称	8% 的分离胶 /ml	5% 的浓缩胶 /ml
30% 凝胶贮备液	2.7	0.85
分离缓冲液(pH 8.8)	2.5	—
浓缩缓冲液(pH 6.8)	—	0.625
去离子水	4.6	3.4
10%SDS	0.1	0.05
10% 过硫酸铵	0.1	0.05
TEMED	0.006	0.005
总体积	约 10.0	约 5.0

3. **标本的处理** 收集中段晨尿,测定尿蛋白浓度,如浓度较高,需用去离子水进行稀释,使上样的蛋白为 30~50μg。取尿液 6μl 分别加入 0.5ml 的 EP 管中,加入上样缓冲液 24μl,混匀后沸水煮 5 分钟,冷却后至室温备用。

4. **加样** 将凝胶板固定于电泳槽的相应位置,加入足够的电泳缓冲液,将处理好的样本混匀,用微量加样器取各样本 15μl,依次加入凝胶孔中,并做好相应的标记。蛋白标准品是已知分子量的蛋白,按说明书要求处理后取 5μl 直接上样。在上样过程中要避免气泡产生、样本溢出和样本进入其他泳道等情况发生。

5. **电泳** 加样完毕,盖好上盖,连接电泳仪,打开电泳仪开关,控制电压为 80~110V。当样品中的溴酚蓝指示剂到达分离胶之后,电压调至 150~200V。电泳过程中保持电流稳定。当溴酚蓝指示剂迁移到距前沿 2cm 处即停止电泳,一般时间为 1~2 小时。

6. **卸胶** 电泳停止后,关闭电源,取出玻璃板,轻轻撬动使胶面与玻璃板分离,切除浓缩胶,将分离胶浸泡于固定液中 0.5~1 小时。

7. **染色、脱色** 固定后的胶转入染色液中,染色 2~4 小时,必要时可过夜。弃去染色液,用蒸馏水漂洗胶面数次,加入脱色液进行脱色,直至蛋白质区带清晰为止(中途可更换脱色液)。将胶置于 7% 的冰乙酸溶液中,密封保存,拍照后进行结果分析。

【结果判读】

图像拍照后,根据蛋白标准品区带分布确定白蛋白区带的位置。

比较样本中区带与白蛋白区带的位置关系,判断尿蛋白的类型,进而判断尿中蛋白的可能来源。

【参考区间】

正常人尿蛋白电泳所有蛋白区带均可出现,以白蛋白为主。其他蛋白区带极弱或无。

主要区带在白蛋白区带及靠阳极侧的蛋白尿,为低分子蛋白尿;蛋白区带分布在白蛋白区带上下附近的蛋白尿,为中分子蛋白尿;蛋白区带主要分布在白蛋白区带靠阴极侧的蛋白尿,为高分子蛋白尿;低分子和高分子蛋白质同时存在的蛋白尿,为混合性蛋白尿。

【注意事项】

1. 丙烯酰胺有神经毒性,TEMED 有腐蚀性和挥发性,过硫酸铵和 SDS 对皮肤和黏膜有刺激性和腐蚀性,使用时注意防护。

2. 催化试剂(10% 过硫酸铵)须临用前新鲜配制。

3. 制备凝胶时避免产生气泡,否则会影响电泳的分离效果。

4. 样本中蛋白的浓度和加样量要适中,太少区带不清晰,太多区带过宽易重叠。

5. 加样前样品梳要轻轻地拔出,防止气泡陷入。未加样孔要加入样品缓冲液,防止电泳时发生邻近带的扩展。

6. 在制胶的过程中,要加水隔绝空气,避免氧气对凝胶的抑制作用,加水时注意避免破坏胶面。

7. 电泳时,根据蛋白质分子量的大小和组成,选择合适的电源,设置合适的电流和电压。电泳过程中,保持电流的稳定性,注意观察溴酚蓝的位置以适时停止电泳,避免蛋白溢出泳道。

8. 温度影响聚合速度,催化剂及加速剂的量可根据实验时的温度适当调整。

【思考题】

1. 聚丙烯酰胺凝胶电泳法的基本原理是什么?

2. 本实验中 SDS 的作用是什么?

3. 实验过程中配制分离胶时,为什么要选择 Tris-HCl 缓冲液系统?

4. 尿液蛋白质电泳分离检测的临床意义。

（姜艳梅）

实验3　毛细管电泳法分离血红蛋白

毛细管电泳(capillary electrophoresis,CE)是一种利用石英毛细管作为分离通道,并以高压直流电场为驱动力的液相分离技术,具有多种分离模式,如毛细管区带电泳、毛细管凝胶电泳、亲和毛细管电泳和毛细管等电聚焦电泳等。它具有高效、快速、微量和应用广泛等特点,可广泛应用于核酸和蛋白质等的快速分析,以及细菌、真菌等 DNA 序列分析和 DNA 合成中产物纯度测定等。

【实验目的】

掌握:毛细管电泳法分离血红蛋白的基本原理和操作步骤。

熟悉:毛细管电泳的特点及注意事项。

了解:毛细管电泳的应用范围。

【实验原理】

毛细管电泳所用的石英毛细管柱,在 pH>3 的情况下其内表面带负电,与缓冲液接触形成双电层,在高压电场的作用下,一侧的缓冲液中的水合阳离子由于带正电荷而向负极方向移动形成电渗流。同时,在缓冲液中,带电粒子在电场的作用下,以不同的速度向其所带电荷极性相反方向移动,电泳流速度即电泳淌度。带电粒子在毛细管缓冲液中的迁移速度等于电泳淌度和电渗流的矢量和。各种粒子由于所带电荷数量、质量、体积以及形状不同引起迁移速度不同而实现分离。

血红蛋白是一种结合蛋白,由珠蛋白和血红素构成。每一个珠蛋白分子都是由两对肽链组成的四聚体,一对是 α 链,另一对是非 α 链(有 β、γ、δ、ζ 和 ε 5 种)。正常人血红蛋白因珠蛋白非 α 链的不同,分为三种类型:HbA(ααββ)、HbA2(ααδδ)、HbF(ααγγ)。珠蛋白的一条或者几条链合成减少或者缺乏会引起某种血红蛋白数量的异常,进而导致遗传性溶血性疾病,即地中海贫血。由于组成血红蛋白的肽链不同,其表面所带电荷性质和电荷量不同,在电场中的电泳行为不同,利用此性质即可将不同类型的血红蛋白通过电泳技术进行分离。如果出现异常血红蛋白,其到达阴极的顺序为:HbCS、HbA2、HbE、HbS、HbD、HbG、HbF、HbA、Hb Bart、HbJ、HbN 和 HbH。在阴极侧测定 415nm 的吸光度获得各血红蛋白区带的相对浓度(百分比)。

【试剂与仪器】

1. 实验试剂(毛细管电泳仪配套试剂)

(1)缓冲液:碱性缓冲液,pH 9.4,2~8℃保存。

(2)清洗液:将 70ml 储存清洗液用蒸馏水稀释至 700ml。室温或 2~8℃保存,室温可保存 3 个月。

(3)溶血液:室温或 2~8℃保存。

(4)正常人冻干质控品:2~8℃保存至有效期。使用时,加入 0.4ml 蒸馏水复溶,2~8℃可保存 1 周,−20℃可保存 6 个月,最多可反复冻融 15 次。质控品经溶血后可上机检测。

(5)毛细管护理液:含蛋白酶、表面活性剂和添加剂,2~8℃保存至有效期。

(6)次氯酸工作液:将浓次氯酸溶液(9.6%)250ml 用蒸馏水稀释至 1L,制成 2%~3%的次氯酸工作液。远离光、热、酸和氨,室温可稳定 1 年。

2. 实验仪器及配套设备 毛细管电泳仪、稀释杯、过滤器和标本架等。

【操作步骤】

1. 标本处理 EDTA-K$_2$ 抗凝静脉血 2ml,3 000r/min 离心 5 分钟,尽量弃除上层血浆。

2. 设置参数 根据仪器说明及检测项目,设置温度、进样时间、电泳电压、电泳时间、标本稀释倍数和检测波长等参数(不同机器会有所不同),例如:进样真空度,0.8kPa;进样时间,6 秒;温度,34℃;电泳电压,9 800V;电泳时间,495 秒;标本稀释度,6 倍;检测波长,415nm;数据采集延迟,240 秒。

3. 按照仪器说明书进行操作 检测标本的同时也要检测质控品。

打开仪器及电脑,启动电脑软件。待机器进入"ready"状态时,选择测定血红蛋白的相应程序。按仪器提示更换缓冲液后,进行试剂转换和毛细管激活。

按照要求,质控品放在 0 架,标本放在样品架上,架子上 8 号位放溶血剂,稀释杯放在标本架的稀释杯架上，一起推入机器。

检测完毕将标本从标本口取出，根据电脑程序中的图谱分析结果。

电泳结束后，执行关机程序。

【结果判读】

经程序分析，得出每种血红蛋白区带的相对浓度值，也可在程序中对电泳图谱进行评估。

【参考区间】

HbA：≥96.8%；HbF：<0.5%；HbA2：2.2%～3.2%。

【注意事项】

1．检测时，应注意试剂的贮存温度，不能冷冻。

2．保证电泳时进样的血红蛋白总量，中度或者重度贫血时增加进样量，溶血标本不能直接检测。

3．若检测到异常血红蛋白，且不是常见的异常血红蛋白，应采用其他方法进一步检测。

4．上机检测完成后需对机器进行相应的清洗和保养。

【思考题】

1．毛细管电泳法的基本原理是什么？

2．毛细管电泳法可以检测哪些项目？

3．哪些疾病可以检测到异常血红蛋白？

（姜艳梅）

实验4　免疫固定电泳法分型M蛋白

免疫固定电泳是一种基于免疫反应的电泳技术，它结合了区带电泳与免疫沉淀反应的原理，利用电泳技术的分离作用和单克隆抗体的特异性及高灵敏性来检测血清M蛋白，是检测低浓度M蛋白最敏感的方法。

【实验目的】

掌握：免疫固定电泳法分离M蛋白的基本原理和操作步骤。

熟悉：免疫固定电泳的特点及注意事项。

了解：免疫固定电泳的应用范围。

【实验原理】

血清蛋白经琼脂糖凝胶电泳分离后，在相应的电泳泳道内加入各种血清抗体。抗体在凝胶中扩散，并与相应的蛋白结合形成抗原抗体复合物而沉淀下来，通过染色进行观察。将各泳道区带与常规蛋白电泳模式的区带进行比较，来分析结果。

在进行M蛋白分型时，为了精准地识别异常的单克隆免疫球蛋白分子，样品同时在六条泳道上进行分离。电泳结束后，一条泳道作为参考以显示电泳后的总蛋白质，其他泳道分别加入抗IgG、IgA、IgM和κ、λ血清。反应结束后，参考泳道中出现的异常单克隆区带，可通过判断其他泳道内相同电泳位置是否出现异常区带，确定该单克隆蛋白的类型，如IgG κ型、轻链λ型等。

【试剂与仪器】

1. **试剂**（电泳仪配套的免疫固定电泳试剂）

（1）凝胶片：琼脂糖凝胶，含 Tris- 巴比妥 -MOPS 缓冲液和叠氮钠防腐剂。

（2）单克隆抗体：抗人 IgA 重链抗体，抗人 IgG 重链抗体，抗人 IgM 重链抗体，抗人 κ 轻链抗体和抗人 λ 轻链抗体。

（3）质控血清：包括 IgG κ、IgA λ 和 IgM 型血清。

（4）酸性紫染料：用 1 000ml 5% 的冰乙酸稀释后，置于摇床上混匀（12 小时），过滤后倒入染色桶中备用。

（5）柠檬酸脱色剂：根据说明书将脱色剂溶于适量的蒸馏水中，混匀，使柠檬酸的最终含量为 0.3%。

（6）Tris-Buffer NaCl：根据说明书，将缓冲液干粉溶于适量蒸馏水中，混匀。

2. **仪器** 全自动电泳分析仪、保湿盒、加样架、加样梳和扫描仪等。

【操作步骤】

1. **标本稀释** 常规静脉采血约 3ml，3 500r/min 离心 5 分钟分离血清。分别取 50μl 标本加入 1 号和 2 号试管内，加 250μl 稀释液于 1 号试管内，将标本 1:5 稀释；加 100μl 稀释液于 2 号试管内，将标本 1:2 稀释。或可根据免疫球蛋白定量结果调整稀释倍数。

2. **加样梳点样** 以 4 人份检测为例。加样梳置于平面上，有数字端朝上，1、8、15 泳道不加样，从 1 号试管内取 10μl 稀释后的样品加入 3、10 泳道，从 2 号试管内取 10μl 稀释后的样品分别加入其他泳道。加样完成后，将加样梳齿梳向上置于保湿盒中扩散 5 分钟。

3. **设置电泳仪参数** 根据实验和仪器要求选择相应实验程序，设置取样、加样、电泳和抗体孵育等步骤的时间及温度。

4. **放置电泳胶片** 将缓冲条固定在电极支架上，在电泳仪温控板表面加 200μl 蒸馏水；打开凝胶的密封袋，取出凝胶片，用薄滤纸吸取表面多余的液体，将胶片缓缓放入电泳舱内，注意凝胶下不可残留气泡。

5. **点样** 放下支架，取出加样梳并去除保护架，数字面朝向操作者，分别置于 3 号和 9 号位置，关闭电泳舱盖。

6. **电泳** 开始电泳，按照仪器的说明书进行操作。

7. **加抗血清** 将抗体加样条装入抗体加样架上，按需求加入抗体血清。电泳结束后，移除加样梳、缓冲条和运送器；固定好抗体加样架，将抗体加到凝胶片上。

8. **孵育** 关闭电泳舱盖，启动抗体孵育程序。孵育结束后，放厚滤纸于凝胶表面，关闭舱门盖，启动洗液程序，吸除多余抗体。结束后去除滤纸，程序继续至自动烘干。

9. **染色、脱色及烘干** 取出胶片，用胶片固定架将其固定后插入染色槽，检查洗液瓶、染色瓶、脱色瓶及废液瓶等液体量。选择染色程序，开始染色。

10. **扫描** 染色结束后取出凝胶片，将胶片扫描或者拍照，分析结果。

【结果判读】

正常血清和异常血清 ELP 泳道呈现几条清晰可辨的区带，代表着血清中不同种类的蛋白质。如在 γ- 球蛋白区有异常浓染的区带就是可疑的区带。当 ELP 泳道出现浓染区带，IgG 或 IgA 或 IgM 泳道存在浓染区带，κ 或者 λ 泳道出现浓染区，且三条浓染区带在一条直线上,可以对异常的 M 蛋白分型,如 IgG λ 型、IgA κ 型、IgG κ 型等(见文末彩图 2-1)。

【注意事项】

1. 为了避免抗原过剩,血清要选用合适的稀释倍数。
2. 不选用血浆和溶血标本。当患者接受单抗治疗时,会出现假阳性结果。
3. 用滤纸吸取凝胶外多余水分时,接触时间不能过长,应快速移去,避免凝胶脱水。
4. 注意先放缓冲条再放凝胶,取出缓冲条时确保缓冲液均匀分布。

【思考题】

1. 免疫固定电泳的基本原理是什么?
2. 免疫固定电泳检测 M 蛋白分型有哪些优势?
3. 应用免疫固定电泳进行 M 蛋白分型时,结果显示只有重链区有异常区带,可能的原因有哪些?

(姜艳梅)

实验 5　等电聚焦电泳法分离脑脊液特异寡克隆区带

蛋白质分子具有两性解离的特征。在大于其等电点的 pH 环境中带负电荷,向电场的正极泳动;在小于其等电点的 pH 环境中带正电荷,向电场的负极泳动;在等于其等电点的 pH 环境中不带电荷,在电场中呈静止状态。如果在有 pH 梯度的环境中,对各种不同等电点的蛋白质混合样本进行电泳,在电场的作用下,经过一定时间的电泳后,不同等电点的蛋白质便分别聚焦于不同的位置。这种按等电点大小,生物分子在 pH 梯度的某一位置上进行聚焦的行为称为"等电聚焦"。

【实验目的】

掌握:等电聚焦电泳分离脑脊液特异寡克隆区带的基本原理和操作步骤。
熟悉:等电聚焦电泳的特点、结果判断及注意事项。
了解:等电聚焦电泳的应用范围。

【实验原理】

等电聚焦电泳(isoelectric focusing electrophoresis,IEF)是根据蛋白质等电点这个特性量度,利用两性电解质在凝胶内形成 pH 梯度来分离等电点不同的蛋白质的电泳技术。电泳时,两性电解质形成一个从阳极到阴极 pH 逐渐增大的梯度。等电点不同的蛋白质在电场中经过一定时间电泳后,各组分分别聚焦在各自的等电点相应的 pH 位置上,形成分离的蛋白质区带,进而达到分离的目的。电泳结束后将分离出的蛋白区带转移到硝酸纤维素膜上,用免疫固定法检测硝酸纤维素膜上的特异性免疫球蛋白区带,通过比较血清与脑脊液(cerebrospinal fluid,CSF)中是否存在寡克隆区带,可对结果进行定性分析。

【试剂与仪器】

如介质选择聚丙烯酰胺凝胶,参照本书该实验部分。本实验选择琼脂糖凝胶作为介质,电泳部分选择全自动电泳仪及配套试剂。

1. 试剂

(1)凝胶片:琼脂糖凝胶,含琼脂糖 1.0g/dl、两性电解质和添加剂。

（2）配套试剂：乙二醇溶液、阳极液、阴极液、标本稀释液、抗血清稀释液、清洗液、水化液、TTF3溶剂和TTF3染液等。

（3）抗血清试剂：含过氧化物酶标记的抗人IgG抗血清，如为干粉，用蒸馏水或去离子水溶解。

（4）30%过氧化氢溶液：2～8℃棕色瓶保存。

（5）脱色液：5ml脱色液稀释成5L溶液，稀释后柠檬酸浓度为50mg/dl。

2. 仪器及设备　全自动电泳分析仪、保湿盒、滤纸、海绵条、加样架和加样梳等。

【操作步骤】

详细操作步骤请参照仪器及试剂说明书。

1. 标本处理　标本为新鲜的血清与CSF，两者应同时采集。CSF标本直接使用，血清标本应用生理盐水稀释，其比例为1：300。或根据血清和CSF的免疫球蛋白定量结果调整稀释倍数。

2. 设置电泳仪参数　选择脑脊液电泳程序，根据标本数和仪器要求设置取样、加样、电泳、抗体孵育等步骤的时间及温度。

3. 加样梳点样　将稀释后的CSF和血清标本成对点在加样梳上，奇数孔加CSF，偶数孔加同一个检测者的血清，点样量为10μl，结束后将加样梳置于保湿盒中待检。

4. 放置电泳胶片　将凝胶试剂放置室温平衡10分钟。在电泳温控板的中间框的下方加适量的乙二醇，拆开凝胶试剂包装，用薄滤纸迅速吸去凝胶表面的多余水分，将凝胶片由下至上铺放在温控板上。

5. 预电泳　分别取5ml阳极液和阴极液置于阳极液池和阴极液池中，将两只海绵条分别浸入其中。将浸满阳极液的海绵条（粉色）固定于电极架的下部，浸满阴极液的海绵条（无色）固定在电极架的上部，放下电极架和样品架，盖上电泳舱盖，按"开始"键，进行预电泳。

6. 点样　预电泳结束后，放下支架，取出加样梳并去除保护架，数字面朝向操作者，置于1号位置，关闭电泳舱盖，按"开始"键开始电泳。

7. 免疫固定

（1）抗体涂布：将抗体加样杯装入抗体加样架上。电泳结束后，移除加样梳、缓冲条和运送器。固定好抗体加样架，按需求加入抗体血清，将抗体涂布到凝胶片上。

（2）孵育：盖上电泳舱盖，按"开始"键开始孵育。孵育结束后，将抗体涂布装置卸下，用厚滤纸吸附剩余抗血清，盖上电泳舱盖，按"开始"键吸去多余抗体。

（3）凝胶清洗：吸附过程结束后，将厚滤纸取下，在引导棒上放置黄色的试剂模板。在试剂模板中央孔内加入适量清洗液。盖上电泳舱盖，按"开始"键进行凝胶清洗。清洗结束后，吸去清洗液，将试剂模板取下，用厚滤纸吸附剩余清洗液，盖上电泳舱盖，按"开始"键吸取多余清洗液。

（4）凝胶水化：完成清洗后，将厚滤纸取下，在引导棒上放上黄色的试剂模板。在试剂模板中央孔内加入适量水化液进行水化。操作与凝胶清洗过程相同，水化两次。

8. 染色　在避光的条件下，用TTF3溶剂和过氧化氢溶液配制适量的定影液。二次水化结束后，取适量的定影液，加入试剂模板中央孔内，进入染色程序。染色结束后用厚滤纸吸取多余定影液，进入干燥程序。

9. 清洗　取出胶片,用胶片固定架将其固定后插入染色槽。选择清洗程序,开始清洗胶片。待程序结束后,取出胶片读取结果。

【结果判读】

将血清及 CSF 的电泳结果进行对比,如 2 条及以上寡克隆区带只出现在 CSF 中,判读该实验结果为阳性,具体可以分为 5 类(图 2-2)。

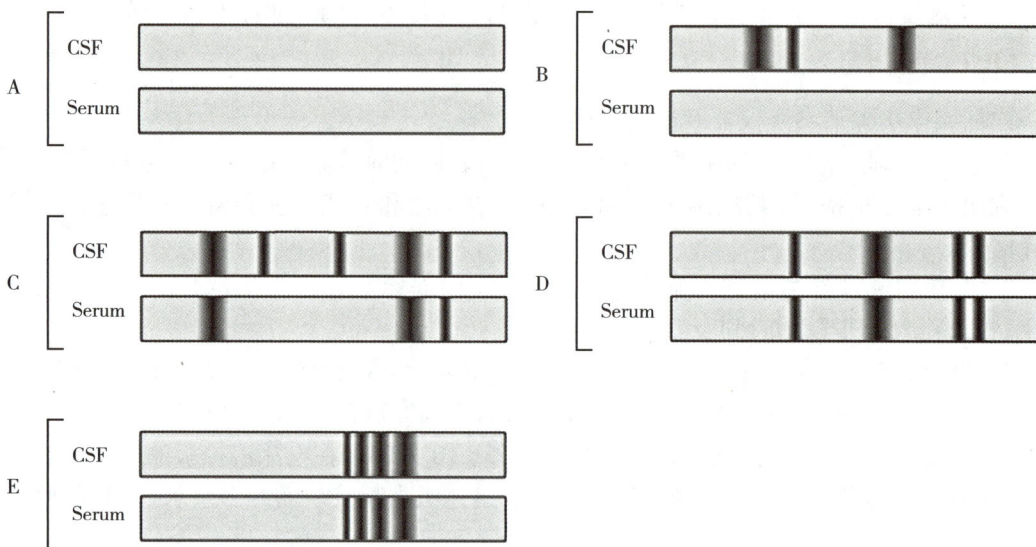

图 2-2　等电聚焦电泳分离脑脊液特异寡克隆区带

CSF 为脑脊液,Serum 为血清;A. CSF 和血清中均未检出寡克隆区带,寡克隆区带实验结果判定为阴性;
B. CSF 中检出寡克隆区带,血清中未检出,寡克隆区带实验结果判定为阳性;C. CSF 和血清中均检出寡克隆区带,CSF 中检出更多区带,寡克隆区带实验结果判定为阳性;D. CSF 和血清中检出相同的电泳区带,呈镜像分布,寡克隆区带实验结果判定为阴性;E.CSF 和血清中出现密集单克隆区带,来源于外周血,寡克隆区带实验结果判定为阴性。

【注意事项】

1. 脑脊液与血清标本必须同时采集;应避免不必要的样本处理,否则会导致免疫球蛋白浓度的改变。

2. 避免选用血浆和溶血标本。

3. 用滤纸吸取凝胶外多余水分时,接触时间不能过长,应快速移去,避免凝胶脱水。

4. 窄范围的 pH 梯度可以提高分辨率,但是需要的时间比较长,可根据实验需求改变pH 梯度。

5. 在等电聚焦电泳过程中,会不断消耗缓冲液,需要定期补充。补充缓冲液时,应注意与原来的缓冲液保持一致,确保电泳效果稳定。

6. 凝胶清洗、水化及染色等过程中,加液体时避免气泡产生。

【思考题】

1. 等电聚焦电泳的基本原理是什么?

2. 等电聚焦电泳检测脑脊液特异寡克隆区带的关键步骤是什么?

3．在等电聚焦电泳实验中应注意什么？

（姜艳梅）

第二节　电化学技术

电化学技术是利用物质的电化学性质，测定化学电池的电流、电位、电导、电量等物理量的变化，从而测定物质组成及含量的分析方法，包括电位分析法、电导法和电容量分析法等。

实验6　离子选择性电极法测定血清钾离子、钠离子、氯离子和离子钙

血清钾离子、钠离子、氯离子和离子钙的测定有助于机体水、电解质和酸碱平衡紊乱的判断，临床普遍采用的离子选择性电极法（ion-selective electrodes，ISE）属于电位分析法，是一种以测定电池的电位为基础的定量分析技术。离子选择性电极是一类用特殊敏感膜制成，对溶液中某种特定离子具有选择性响应的电化学传感器，常用于测量离子的活度或浓度。

【实验目的】

掌握：ISE 法测定血清钾离子、钠离子、氯离子和离子钙的基本原理和操作程序。

熟悉：ISE 法测定血清钾离子、钠离子、氯离子和离子钙的注意事项。

了解：血清钾离子、钠离子、氯离子和离子钙测定的其他方法。

【实验原理】

钠玻璃电极敏感膜含铝硅酸钠，对 Na^+ 具有高度选择性；钾电极敏感膜含缬氨霉素，对 K^+ 有强络合力；氯电极敏感膜含 $AgCl-Ag_2S$，钙电极敏感膜含聚乙烯，分别感应 Cl^- 和 Ca^{2+}。将钾离子、钠离子、氯离子和离子钙选择性电极分别和一个参比电极连接起来，置于待测电解质溶液中形成测量电池，当被选择离子与离子选择电极膜接触反应时就会产生电位信号，电位大小与溶液中离子活度（浓度）成正比，符合 Nernst 方程。通过与已知离子活度（浓度）的溶液比较可求得未知溶液的离子活度（浓度）。

【试剂与仪器】

1. **电解质分析仪生产厂家配套试剂**　包括高、低浓度标准液，去蛋白液，电极调理液，测试电极与参比电极内充液等。

2. **仪器**　电解质分析仪。

【操作步骤】

不同厂家的电解质分析仪，其操作方法略有不同，应按照厂家仪器操作说明书进行，简要操作程序如下：

1．开启仪器，仪器自检并自动清洗管道。

2．用高、低浓度标准液进行两点定标。

3．定标通过后，进行质控，再进行样品测量。

4．测定结果由微处理器计算后自动打印。

5．检测完毕后，清洗、维护电极和管道。

【结果计算】

测量样品溶液中离子的电极电位后,仪器自动根据已建立的校正曲线求出样品溶液中的离子浓度,直接显示、打印结果。

【参考区间】

钠离子:137~147mmol/L;钾离子:3.5~5.3mmol/L;氯离子:99~110mmol/L;离子钙:1.10~1.34mmol/L。

【注意事项】

1. 电解质分析仪

(1)仪器要安放平稳,避免震动,且避免阳光直射以及潮湿。

(2)为保证电极的稳定性,仪器需处于24小时待机状态。

(3)电极具有一定的寿命,使用一段时间后,电极会老化,需要定期更换。

(4)测量样品时避免管道有气泡,否则结果不准确。

(5)每个工作日后,必须清洗电极和管道,以防蛋白质沉积。定期用含有蛋白水解酶的去蛋白液浸泡管道,并按厂家规定的程序对仪器进行日常维护和定期保养。

2. 标本

(1)在采集和处理过程中应避免溶血,溶血后红细胞内 K^+ 释放会造成血清钾测定结果假性增高。

(2)标本采集后应避免高温或冷藏,需尽快离心,否则 pH 会发生变化,影响钾离子和离子钙测定结果。

(3)脂血标本影响测定结果,需高速离心后再检测。

【思考题】

1. 检测钾的含量时一定要注明标本是血清还是血浆,为什么?

2. 血清钾离子、钠离子、氯离子和离子钙测定的分析前质量控制要素有哪些?

3. 试述离子选择性电极法的测试原理。

(张利芳)

实验7　电极法测定血液中的 PO_2、PCO_2 和 pH

PO_2、PCO_2 和 pH 是三项基本血气指标,可利用三电极法进行测定(血气分析),血气分析仪首先测定出此三项基本数据,再计算出其他相关血气指标。血气分析仪由电极测量室、液气管路系统和控制系统组成,电极测量室的测量毛细管管壁上分别插有 pH、PO_2 和 PCO_2 三支测量电极和一支 pH 参比电极。

【实验目的】

掌握:电极法测定血液中 PO_2、PCO_2、pH 的原理和操作程序。

熟悉:血气分析的注意事项。

了解:血气分析仪的维护保养。

【实验原理】

在微机控制下,当血液样品进入电极测量室的毛细管内,样品被四个电极同时感应测量，产生 pH、PO_2 和 PCO_2 三项参数的电极信号，经放大、模拟数字转换后送微机处理系统，测量结果自动显示和打印输出。

1. pH 电极 由 pH 测定电极即玻璃电极、Ag/AgCl 或饱和甘汞参比电极及两种电极间的液体介质构成。原理是血样中的 H^+ 与玻璃电极中的金属离子进行离子交换产生电位变化，此电位大小与 H^+ 活度成正比（符合 Nernst 方程），再与参比电极进行比较测量（不受待测溶液 H^+ 活度影响），得出溶液 pH。

2. PCO_2 电极 对 CO_2 敏感，是由 pH 玻璃电极、Ag/AgCl 参比电极和电极缓冲液组成的复合电极，测试原理同 pH 电极。PCO_2 电极外面有一层聚四氟乙烯或硅橡胶膜，CO_2 能自由透过，其他离子（如 H^+、HCO_3^-）不能透过，此膜与电极间含有电极液。血液中的 CO_2 即 PCO_2 的改变可影响电极液的 pH，PCO_2 的对数与 pH 呈直线关系。

3. PO_2 电极 对 O_2 敏感，由铂阴极及 Ag/AgCl 阳极和电极缓冲液组成的复合电极。PO_2 电极外面有一层选择性透过 O_2 的聚丙烯膜，血液中的 O_2 经过此膜到达铂阴极表面时，O_2 不断地被还原，阳极又不断地产生 Ag^+ 并与 Cl^- 结合沉积在电极上，氧化还原反应在阴阳极之间产生电流，其强度与 PO_2 成正比。

4. 参比电极 内充液为饱和 KCl 溶液，易渗出产生结晶导致 pH 参比系统故障。因此，需要注意正确安装、定期更换和保养，避免影响测试结果。

【试剂与仪器】

1. 血气分析仪生产厂家配套试剂

（1）缓冲液：缓冲液Ⅰ（又称定标液，pH 7.383），缓冲液Ⅱ（又称斜标液，pH 6.840）。

（2）标准气体：一点定标用气体，含 5% CO_2、20% O_2、75% N_2；两点定标用气体，含 10% CO_2、90% N_2。先进的血气分析仪可通过气体分配装置自动利用空气中 CO_2 和 O_2。

（3）电极内充液：PCO_2 及 PO_2 电极内充液和参比电极内充液。

（4）其他：冲洗液、去蛋白液和清洁液等。

2. 标本 动脉全血（或动脉化的毛细血管血）。

3. 仪器 血气分析仪。

【操作步骤】

不同厂家的血气分析仪，其操作方法略有不同，应按照厂家仪器操作说明书进行，简要操作程序如下：

1. 开启仪器 开机后应待仪器预热至 37℃，1～2 小时后再使用。一般自动化血气分析仪 24 小时处于待机状态（定时自动定标，随时上样检测）。

2. 进样 打开进样器，上样前将样品混匀后挤去针管头部血液少许，可手动和自动进样。若用毛细血管血样则选择毛细管方式进样。同时要保证血液无凝块。

3. 数据输入 输入病人的信息，定标通过后，进行质控，再进行样品测量。

4. 结果报告 仪器自动计算后打印结果。

【结果计算】

全自动血气分析仪利用三电极法自动计算血液中的 PO_2、PCO_2 和 pH。

【参考区间】

pH：7.35～7.45；PCO_2：35～45mmHg；PO_2：80～100mmHg。

【注意事项】

1. 血液标本的正确采集与处置是保证结果准确性的关键环节。

（1）采血前要注意：①患者处于安静舒适、呼吸稳定状态。②对于特殊患者，如正在吸氧需注明氧气流量，用以计算患者每分钟吸入的氧量。若是体外循环患者，须在血液混匀后再进行采血。

（2）采血要求：①最佳标本是动脉全血，首选桡动脉，也可用动脉化的毛细血管血，特殊情况下使用静脉血。②选择密封性好的 1～5ml 玻璃注射器，肝素抗凝（1 000U/ml 肝素锂）。

（3）采血后要注意：①注射器不能回吸，外推使血液充满针尖空隙，并排出第一滴血弃之，防止气泡滞留于血液内。②离体的针头立即刺入橡皮塞，使血液与空气隔绝。将注射器针筒在两手间来回搓滚 20 秒，使血液与肝素充分混合，并立即送检。③特殊情况不能立即检测的，须将样品贮存于 0～4℃，但不能超过 2 小时。

2. 定期做好仪器质量控制，并使血气分析仪 24 小时处于待机状态。

3. 做好电极日常维护、保养及管道清洗，保证仪器的正常运转。

【思考题】

1. 血气分析的标本为什么最好选择动脉全血？

2. 为保证结果的准确性，血气标本的采集和处置需要注意什么？

3. 电极法测定 PO_2、PCO_2 和 pH 的原理是什么？

（张利芳）

第三节　免疫化学技术

免疫化学检测法是利用免疫学抗原抗体反应的灵敏性，以荧光素、酶、放射性核素或电子致密物质等对抗原或抗体加以标记，对某些蛋白质（抗原或抗体）进行检测的技术。免疫化学检测技术灵敏性高、特异性强、应用范围广，可以对蛋白质（抗原或抗体）进行定量、定性或定位分析。

实验 8　免疫透射比浊法测定血清胱抑素 C

胱抑素 C（Cystatin C，Cys C）是机体有核细胞产生的分子量约为 13kDa 的非糖基化碱性蛋白，正常情况下从肾小球滤过经近曲小管全部重吸收后迅速降解，尿中仅微量排出，血液中 Cys C 水平相对恒定。因此，血 Cys C 是一种反映肾小球滤过率的敏感性、特异性指标，临床常规采用免疫透射比浊法进行测定。

【实验目的】

掌握：免疫透射比浊法测定血清 Cys C 的原理和操作步骤。

熟悉：免疫透射比浊法测定血清 Cys C 的注意事项。

了解：Cys C 测定的其他方法。

【实验原理】

样品中 Cys C 与胶乳颗粒增强的抗 Cys C 抗体特异性结合,形成免疫复合物而产生浊度,引起 600nm 处吸光度的上升,吸光度的变化程度与样品中 Cys C 的浓度成正比,通过与同样处理的标准品比较,可计算出样品中 Cys C 的含量。

【试剂与仪器】

1. 试剂组成

(1)试剂 I:Tris 缓冲液,100mmol/L(pH 7.4)。

(2)试剂 II:抗 Cys C 多克隆抗体(兔抗人)胶乳颗粒悬浊液,0.18%(V/V)。

(3)标准品:重组人 Cys C 蛋白。

2. 仪器 全自动生化分析仪。

【操作步骤】

1. 仪器参数设置 方法:两点终点法;反应温度:37℃;主波长:600nm;反应时间:10分钟;样品/试剂:1:100。

2. 操作步骤 按表 2-3 操作。

表2-3 免疫透射比浊法测定血清 Cys C 操作步骤　　　　单位:ml

加入物	空白管	标准管	样品管
血清	—	—	0.003
标准品	—	0.003	—
纯化水	0.003	—	—
试剂 I	0.25	0.25	0.25
混匀,37℃孵育 5min			
试剂 II	0.05	0.05	0.05
混匀后立即测定吸光度 A_1,5min 后测定吸光度 A_2,计算 $\Delta A = A_2 - A_1$			

【结果计算】

使用非线性校准,绘制工作曲线,样品中 Cys C 的含量可根据其吸光度变化值(ΔA)对照工作曲线计算。

【参考区间】

血清 Cys C:0.6~2.5mg/L。

【注意事项】

1. 所有试剂仅用于体外诊断,如与皮肤接触,应用大量水冲洗。

2. 试剂与样品用量可根据不同仪器的需要,在试剂样品体积比例不变的条件下适当增加或减少。

【思考题】

1. 检测 Cys C 的方法有哪些？并进行方法学比较。
2. 试述血清 Cys C 测定的临床意义。

（张利芳）

实验 9 免疫散射比浊法测定血（尿）α_1- 微球蛋白

α_1- 微球蛋白（α_1-microglobulin，α_1-MG）是机体肝细胞和淋巴细胞产生的一种糖蛋白，分子量为 26～33kDa。游离型 α_1-MG 可自由通过肾小球滤过膜，经近曲小管全部重吸收后迅速降解，因而测定血和尿中 α_1-MG 的浓度可以早期评估肾小球和近曲小管的损伤程度。临床常用颗粒增强免疫透射比浊法测定 α_1-MG，本实验使用的是免疫散射比浊法。免疫散射比浊法属于散射光谱分析法，包括终点免疫散射比浊法、定时免疫散射比浊法和速率免疫散射比浊法。

【实验目的】

掌握：免疫散射比浊法测定血（尿）α_1-MG 的基本原理和操作步骤。

熟悉：免疫散射比浊法测定血（尿）α_1-MG 的注意事项。

了解：血（尿）α_1-MG 测定的其他方法。

【实验原理】

本测定为速率免疫散射比浊法，样品中 α_1-MG 与试剂中相应抗体结合形成免疫复合物，用一定波长的入射光水平照射此复合物颗粒会导致光线折射和衍射从而产生散射光，散射光的强度与样品中的 α_1-MG 的量正相关，通过测定样品某一角度散射光的强度，与标准品对照，计算出样品中 α_1-MG 的浓度。

【试剂与仪器】

1. **试剂**

（1）试剂Ⅰ：羊抗人 α_1-MG、<0.1% 叠氮钠。

（2）试剂Ⅱ：缓冲溶液。

（3）配套 α_1-MG 标准品。

2. **标本** 血清或尿液。

3. **仪器** 全自动特定蛋白免疫分析仪。

【操作步骤】

1. **仪器参数设置** 方法：速率免疫散射比浊法；反应温度：37℃；波长：670nm。其他参数应根据仪器和试剂盒说明书进行设置。

2. **加样** 样品量：21μl；试剂Ⅰ：21μl；试剂Ⅱ：300μl。

3. **检测** 试剂区加载试剂，分别将质控品、校准品和待测样品放置至样品架，仪器自动吸入并完成校准曲线绘制和样品检测。

【结果计算】

根据校准曲线仪器自动计算出样品中 α_1-MG 的浓度。

【参考区间】

血清：10～30mg/L；随机尿：<20μg/ml。24 小时尿：<15mg。

【注意事项】

1．各厂家仪器免疫分析系统测定原理和反应条件不同，应严格按照相应操作规程和试剂盒说明书进行。

2．尿液标本测定前 15 000×g 离心 10 分钟，取上清液进行测定。虽然尿液样品中 α_1-MG 较稳定，不受 pH 变化的影响，但应避免冷冻和被污染。

3．确保反应体系的洁净，灰尘、杂质等颗粒物质会产生散射光，从而影响结果的准确性。

4．当样品测定值超过上限应稀释后重新检测，结果乘以稀释倍数。

【思考题】

1．目前临床还采用哪些方法检测血（尿）α_1-MG？比较各种方法的应用。

2．简述检测血（尿）α_1-MG 的临床意义。

（张利芳）

实验 10　化学发光免疫法测定高敏心肌肌钙蛋白 I

高敏心肌肌钙蛋白 I（high sensitivity cardiac troponin I, hs-cTnI）是心肌细胞特有的抗原，分子量为 22.5kDa，当心肌损伤或坏死时，因心肌细胞通透性增加和 / 或 cTnI 从心肌纤维上降解下来而导致血液中 cTnI 迅速且持续性升高。因此，血中 cTnI 的浓度可反映心肌损伤的情况，是心肌损伤的特异性、灵敏性标志物，可以利用抗 cTnI 的特异抗血清进行测定，临床通常采用酶联免疫法、化学发光免疫法测定。

【实验目的】

掌握：化学发光免疫法测定 hs-cTnI 的基本原理和操作步骤。

熟悉：化学发光免疫法测定 hs-cTnI 的注意事项。

了解：传统 cTnI 测定的方法。

【实验原理】

本实验使用的是一种顺磁性微粒化学发光免疫测定方法：将与碱性磷酸酶结合的单克隆抗 cTnI 抗体与含表面活性剂的缓冲液和样品一起加入反应杯中，短暂孵育后，加入包被有抗 cTnI 抗体的顺磁性微粒。人 cTnI 与固相上的抗 cTnI 抗体结合，而抗 cTnI 抗体 - 碱性磷酸酶结合物与 cTnI 分子上的不同抗原位点反应。在反应杯中孵育后，与固相结合的材料被保留在磁性区域内，而未结合的材料则被清洗掉。然后，在反应杯中加入化学发光底物，以便系统通过光度计测定反应所产生的光。产生的光与样品中的 cTnI 浓度成正比。系统根据贮存的多点校正曲线确定样品中分析物的含量。

【试剂与仪器】

1．试剂组成

（1）试剂 I：顺磁性微粒包被小鼠单克隆抗人 cTnI 抗体，悬浮于三羟甲基氨基甲烷缓冲盐水中，含表面活性剂、牛血清白蛋白（BSA）、<0.1% 叠氮钠及 0.1% ProClin300。

（2）试剂Ⅱ：0.1mol/L NaOH。

（3）试剂Ⅲ：三羟甲基氨基甲烷缓冲盐溶液、表面活性剂、蛋白质（小鼠）、<0.1% 叠氮钠及 0.1% ProClin300。

（4）试剂Ⅳ：绵羊单克隆抗人 cTnI 抗体 - 碱性磷酸酶结合物稀释于 ACES 缓冲盐溶液中，含表面活性剂、牛血清白蛋白（BSA）、蛋白质（牛、绵羊、小鼠）、<0.1% 叠氮钠及 0.25% ProClin300。

（5）其他配套试剂：发光底物、标准品（0、0.3、1.2、5.0、25 和 100ng/ml）、质控品、样品稀释液、清洗缓冲液。

2. **标本** 血清或血浆。

3. **仪器** 化学发光免疫分析仪。

【操作步骤】

参见化学发光免疫分析仪的操作指南，主要步骤包括：

1. 进入测试菜单。

2. 选择样品架上的位置，输入标本相关信息（样品信息、测试名称）。

3. 将样品管放入样品架上已设定的位置。

4. 按下运行键，仪器自动进行加样、分离、搅拌和温育等检测步骤。

5. 仪器自动计算检测结果。

【结果计算】

采用四参数拟合的方式，以校准品浓度值为 x 轴，以校准品发光强度的对数值为 y 轴，建立标准曲线，根据待测样本的发光强度值回算相应的浓度值。仪器可通过存储的标准曲线以及样本测得的发光强度值自动计算测试结果。

【参考区间】

血清或血浆 hs-cTnI：<0.034ng/ml。

由于各厂商的产品不同以及各地区的实验室差异，各实验室应建立自己的参考区间，其上限为正常参考人群的第 99 百分位值，并且在第 99 百分位值处的 $CV \leq 10\%$。

【注意事项】

1. 血清和肝素锂血浆是首选标本，EDTA 血浆是可接受标本。抽血后的 2 小时内，应对标本进行离心和冷藏。若在 48 小时内无法完成测定，将样品冷冻在 −20℃或更低温度。不要冷冻 EDTA 血浆。冷冻样品仅可冻融 1 次。

2. 轻度溶血、脂血和黄疸标本不影响测定结果。

3. 仪器配套试剂使用前要摇匀。

4. 样品应清澈透明，所有残余的纤维蛋白和细胞物质会造成结果升高。应将含微粒物的浑浊血清或血浆标本从原来的试管中移出，并在测定前重新进行离心。不用对含一个分离式设备（凝胶体）的标本（原来的试管）重新进行离心。

5. 试剂中含有叠氮钠及 ProClin300 等刺激皮肤的化学品，应做好个人防护。

【思考题】

1. 为什么顺磁性微粒化学发光免疫方法测定 hs-cTnI 比用传统化学发光免疫法测定

cTnI 的灵敏度高？

2．简述 hs-cTnI 测定的临床意义。

（张利芳）

实验 11　电化学发光免疫法测定癌胚抗原

癌胚抗原（carcinoembryonic antigen，CEA）是一种由胎儿胃肠道上皮组织、胰和肝细胞所合成的糖蛋白，属于非器官特异性肿瘤相关抗原。可采用酶联免疫法、化学发光免疫法、电化学发光免疫法、放射免疫法和流式荧光免疫法等进行测定。本实验使用的电化学发光免疫法是一种集电子发光技术、纳米微粒子技术、生物素 - 亲和素系统、抗原 - 抗体免疫反应、电磁场分离整合为一体的自动化标记免疫分析系统，是电化学发光和免疫测定相结合的技术。

【实验目的】

掌握：电化学发光免疫法测定癌胚抗原的基本原理和操作步骤。

熟悉：电化学发光免疫法测定癌胚抗原的注意事项。

了解：癌胚抗原测定的其他方法。

【实验原理】

电化学发光免疫法测定 CEA 需要两种特异的单克隆抗体，一是三联吡啶钌$[Ru(bpy)_3]^{2+}$标记的抗 CEA 抗体形成二抗，二是生物素标记的抗 CEA 抗体，后者用于捕获 CEA，并通过生物素与链霉亲和素结合的方式结合到磁性微粒球上，形成牢固的$[Ru(bpy)_3]^{2+}$- 抗体 -CEA- 抗体 - 生物素 - 链霉亲和素 - 磁珠复合物，在外加磁场作用下吸附到电极上，用缓冲液冲洗除去游离的抗体（与生物素结合的和与$[Ru(bpy)_3]^{2+}$结合的抗体）。三联吡啶钌在外加电场激发下发光，光强度的大小与样品中 CEA 含量成正比。

【试剂与仪器】

1．试剂组成

（1）链霉亲和素包被的磁珠颗粒试剂：含链霉亲和素包被的磁珠颗粒 0.72mg/ml，防腐剂。

（2）生物素标记的抗 CEA 抗体试剂：含生物素化的单克隆抗 CEA 抗体 3.0mg/L，磷酸盐缓冲液 100mmol/L（pH 7.4），防腐剂。

（3）$[Ru(bpy)_3]^{2+}$标记的抗 CEA 抗体试剂：钌复合物标记的单克隆抗 CEA 抗体（小鼠）4.0mg/L，磷酸盐缓冲液 100mmol/L（pH 6.5），防腐剂。

（4）其他配套试剂：系统缓冲液、测量池清洗液、系统冲洗液、标准品、质控品和稀释液。

2．标本　血清。

3．仪器　全自动电化学发光免疫分析仪。

【操作步骤】

上机检测按仪器和试剂盒操作说明书，主要步骤包括：

1．编写测定项目参数。

2．将试剂放入试剂盘，进行试剂检测。进行定标和质控。

3．编写样品测定程序。放入样品后按开始键进行测定。

4．仪器自动计算检测结果。

【结果计算】

仪器自动根据标准曲线换算出血清中 CEA 的浓度。

【参考区间】

血清 CEA：≤3.4ng/ml。

【注意事项】

1．血清标本须用标准试管或有分离胶的真空管收集。肝素锂、肝素钠、K_2-EDTA 和枸橼酸钠血浆都适用。如果采用枸橼酸钠，获得的结果必须通过加 10% 来校准。样品在 2～8℃稳定保存 7 天，–20℃稳定保存 6 个月。

2．避免试剂和样品、标准品和质控品产生泡沫。

3．对于接受高剂量生物素治疗的患者（>5mg/d），必须在末次生物素治疗 8 小时后采集标本。

4．如果样品中有沉淀，进行测定前离心。切勿使用加热灭活的样品。不可使用叠氮化物作为稳定剂的样品和质控品。检测前请确保样品、标准品和质控品平衡至室温（20～25℃）。考虑到可能的蒸发效应，上机的样品、标准品和质控品应在 2 小时内分析测定。

【思考题】

1．电化学发光免疫法的工作原理是什么？

2．临床测定 CEA 的方法还有哪些？并进行比较。

（张利芳）

第四节 质 谱 技 术

质谱技术是根据物质离子质荷比（质量 - 电荷比）不同而进行分析的方法，其基本原理是各组分在离子源中发生电离，生成不同质荷比的带正电荷的离子，在电场中离子束被加速，进入质量分析器，再利用电场和磁场作用，将它们分别聚焦而得到质谱图。质谱技术通常与其他检测技术联合应用，如：电感耦合等离子体质谱法（inductively coupled plasma mass spectrometry，ICP-MS）、气相色谱 - 质谱法（gas chromatography-mass spectrometry，GC-MS）、液相色谱 - 质谱法（liquid chromatography mass spectrometry，LC-MS）、基质辅助激光解吸飞行时间质谱法（matrix-assisted laser desorption/ionization time of flight mass spectrometry，MALDI-TOFMS）、傅里叶变换质谱法（Fourier transform mass spectrometry，FT-MS）。质谱分析具有灵敏度高、样品用量少、分析速度快、分离和鉴定同时进行等优点，因此在生命科学领域广泛应用。

实验 12 电感耦合等离子体质谱法测定血清铜

电感耦合等离子体质谱法（ICP-MS）是 20 世纪 80 年代发展起来的一种新型分析技术。它以独特的接口技术将电感耦合等离子体（ICP）的高温电离特性与四极杆质谱仪的灵敏快速扫描的优点相结合。ICP-MS 检出限低，线性范围宽，分析精密度、准确度高，可实现 10^{-12}

到 10⁻⁶ 级的直接测定。电感耦合等离子体质谱仪由进样系统、离子源、质量分析器和 ICP 检测器组成，可实现 ICP 和质谱的联用，主要用于元素分析和元素价态分析。

【实验目的】

掌握：电感耦合等离子体质谱法检测血清铜的原理。

熟悉：电感耦合等离子体质谱法检测血清铜的操作步骤。

了解：电感耦合等离子体质谱仪器组成。

【实验原理】

等离子体是一种含高电子的导电气体，且其中的正负电荷相等，故称之为等离子体。电感耦合等离子体通常由 Telsa 线圈产生火花放出电子，并通过射频发生器的耦合作用提供能量维持等离子体稳定，等离子体感应区温度可达到 9 000～10 000K。标本中的有机质在强酸和强氧化剂作用下被破坏后，经过雾化器以气溶胶的形式进入以氩气为基质的等离子体中，从等离子体得到能量，使待测元素去溶剂、原子化和离子化。由能量转移过程产生的离子经过采样锥进入真空系统中，根据质荷比进行分离。以脉冲/模拟检测器进行检测，所产生的信号由计算机处理，从而达到定量分析的目的。

【试剂与仪器】

1. 试剂

去离子水　　　　　　　GB/T 6682 一级水

65% 硝酸　　　　　　　优级纯

30% 过氧化氢溶液　　　优级纯

2. 标准液

（1）137.67μmol/L 锗内标贮存液（10mg/L）：采购商品 ⁷²Ge 元素标准溶液。

（2）内标工作液：取适量锗内标贮存液，用 5% 硝酸溶液配制成浓度为 0.275μmol/L 内标工作液。

（3）15.74mmol/L 铜标准贮存液（1 000.0mg/L）：采购商品铜标准溶液。

（4）铜标准工作液：取适量铜标准贮存液，加 5% 硝酸溶液逐级稀释，配制成浓度分别为 3.93μmol/L、7.87μmol/L、15.74μmol/L 和 31.47μmol/L 的铜标准工作液。

3. 仪器　电感耦合等离子体质谱仪，干式恒温器。

【操作步骤】

1. 血液前处理　吸取两份 250μl 血清于样品管中，分别加入 65% 的浓硝酸 800μl 和 30% 的过氧化氢 200μl，密闭静置 10 分钟后，将样品管置于干式恒温器升温至 90℃加热消解 3 小时。待消解完成后，使消解溶液降至室温，在通风橱内旋开瓶盖，转移消解溶液于 10ml 容量瓶中，用少许水连续冲洗样品管三次，并倒入容量瓶，定容至刻度。

2. 仪器操作参考条件　射频功率：1 500W；载气流速：0.86L/min；辅助气流速：0.22L/min；等离子气流速：15L/min；蠕动泵转速：6r/min；测定模式：在标准模式下测定。

3. 仪器调谐　开机点燃等离子体，仪器预热约 30 分钟，用调谐液进行质量校正和分辨率校验，使调谐液所含元素的灵敏度、精密度、质量轴、峰宽以及氧化物干扰和双电荷干扰满足仪器使用要求。

4. 绘制标准曲线　采用在线内标加入法将内标工作液和铜标准工作液（$1:20$, $V:V$），通过蠕动泵一并导入电感耦合等离子体质谱系统进行检测。标准工作液检测完成后，以铜元素响应值和内标元素响应值之比（Y）为纵坐标，标准工作溶液相应浓度值（C, μmol/L）为横坐标绘制标准曲线。

5. 样品测定　采用内标 - 标准曲线法，以铜元素和内标元素响应值之比值计算各待测元素的浓度。

6. 平行试验

样品应按照以上步骤同时平行测定两份。

平行试验中两份样品测定结果的双样相对相差若不超过 20%，结果按两份检材浓度的平均值计算，否则需要重新进行测定。

$$双样相对相差（\%）=\frac{|C_1-C_2|}{\overline{C}}\times100\%$$

式中：C_1、C_2 分别为两份标本平行定量检测的结果；$\overline{C}$ 为两份标本平行定量测定结果的平均值 $(C_1+C_2)/2$。

【结果计算】

仪器通过比对标准曲线直接报告血清中铜的浓度。

【参考区间】

成年：男性，10.99～21.98μmol/L；女性，12.56～23.55μmol/L。
儿童：12.6～29.9μmol/L。

【注意事项】

1. 用内标 - 标准曲线法时，样品中铜元素的浓度应在线性范围内。

2. 双样相对相差若大于 20%，则存在较大误差，需重新进行测定。

3. 标准曲线要求曲线相关系数（r^2）>0.995。若不符合则需重新建立曲线，符合要求后方可进行标本的检测。若标准曲线始终不符合要求，则需重新检查该检测方法及仪器的现有状态。

【思考题】

1. 简述电感耦合等离子体质谱法检测血清铜的原理。
2. 简述检测血清铜的临床意义。

（赵云冬）

实验 13　液相色谱 - 质谱法测定血清苯巴比妥

巴比妥类药物是巴比妥酸的衍生物，是临床常用镇静催眠药。它的种类很多，常见的有巴比妥、苯巴比妥、异戊巴比妥、戊巴比妥、司可巴比妥及其钠盐等。巴比妥类药物的毒性主要表现在对中枢神经系统的抑制，还能抑制延髓的呼吸中枢及血管运动中枢。巴比妥类药物可导致头晕、恶心、呕吐，长期摄入可能产生耐受性和成瘾性。巴比妥类药物检测方法主要有滴定法、紫外分光光度法、高效液相色谱法、气相色谱法、质谱法和液相色谱 - 质谱法。

【实验目的】

掌握：液相色谱-质谱法检测苯巴比妥的实验原理。

熟悉：巴比妥类药物的主要检测方法。

了解：液相色谱-质谱检测苯巴比妥的参数设置。

【实验原理】

利用苯巴比妥易溶于有机溶剂、难溶于水的特点，用有机溶剂从标本中提取苯巴比妥，以去除可能干扰分析的物质。通过色谱柱时，苯巴比妥等化合物因与固定相和流动相之间的相互作用力不同而被分离。分离的苯巴比妥在接口处被电离，电离后的离子进入质谱仪，软件根据质荷比（m/z）分析质谱数据，确定苯巴比妥的信号强度，以苯巴比妥峰面积与内标峰面积比对照校准曲线定量。

【试剂与仪器】

1. 试剂

去离子水	GB/T 6682 一级水
甲醇	色谱纯
乙腈	色谱纯
乙酸铵	分析纯
苯巴比妥	纯度≥99%
阿司匹林	纯度≥99%

2. 苯巴比妥标准溶液

（1）苯巴比妥标准贮存液（1.0mg/ml）：取苯巴比妥 100.0mg，用甲醇定容至 100ml，密封，置于冰箱中冷冻保存，有效期 12 个月。

（2）苯巴比妥标准工作液：取苯巴比妥标准贮存液，用甲醇稀释，配制成浓度分别为 1μg/ml、2.5μg/ml、5μg/ml、10μg/ml、25μg/ml、50μg/ml、100μg/ml 的标准工作液，保存在 4℃冰箱中，保存期为 3 个月。

3. 乙酸铵溶液（1mmol/L） 取 77.1mg 乙酸铵加水定容至 1 000ml。

4. 流动相缓冲液（表 2-4）。

5. 仪器 液相色谱-质谱联用仪。

【操作步骤】

1. 标本预处理 具塞离心管中取待测血清 1ml，加入 10μg 内标阿司匹林，2ml 乙腈，涡旋 1 分钟，6 000r/min 离心 3 分钟，用 0.22μm 的有机微孔滤膜过滤，取上清液上机检测。

2. 测定

（1）液相色谱-质谱条件：色谱柱规格：100mm × 2.1mm × 1.9μm；柱温：40℃；流动相 A 相：1mmol/L 乙酸铵溶液；流动相 B 相：甲醇；流速：0.3ml/min；洗脱：梯度洗脱，梯度洗脱条件见表 2-4；进样量：5μl；扫描方式：ESI 负离子扫描；检测方式：多反应监测；电喷雾电压：4 000V；雾化气流量：N_2，3L/min；加热气流量：N_2，10L/min；热块温度：400℃；碰撞气：氩气；定量离子对：母离子（m/z 183.2）、子离子（m/z 140.2）；碰撞电压（CE）：14eV；保留时间（Rt）：4.655 分钟。

表 2-4 梯度洗脱条件

时间 /min	流动相 A 相 /%	流动相 B 相 /%
0.0	95	5
10.0	5	95
15.0	5	95
15.1	95	5
20.0	95	5

（2）绘制校准曲线：分别取 1μg/ml、2.5μg/ml、5μg/ml、10μg/ml、25μg/ml、50μg/ml 和 100μg/ml 的标准工作液上机测定，以苯巴比妥峰面积与内标阿司匹林峰面积比对苯巴比妥浓度绘制校准曲线。

（3）平行试验：样品应按照以上步骤同时平行测定两份。

平行试验中两份样品测定结果的双样相对相差若不超过 20%，结果按两份检材浓度的平均值计算。

$$双样相对相差（\%）=\frac{|C_1-C_2|}{\overline{C}}\times100\%$$

式中：C_1、C_2 为两份标本平行定量检测的结果；$\overline{C}$ 为两份标本平行定量测定结果的平均值（C_1+C_2）/2。

【结果计算】

采用内标 - 校准曲线法依据标本中苯巴比妥峰面积与内标峰面积比对照校准曲线定量。

【参考区间】

有效血药浓度区间为 10～40μg/ml。

【注意事项】

1. 双样相对相差若大于 20%，则存在较大误差，需重新进行测定。
2. 操作过程中要严格控制试剂的用量，以免影响结果。

【思考题】

1. 苯巴比妥的检测方法主要有哪些？
2. 用液相色谱 - 质谱法分析巴比妥类药物时，定量的依据是什么？
3. 简述检测苯巴比妥的临床意义。

（赵云冬）

实验 14　气相色谱 - 质谱法测定血清丙酮

人体内的丙酮主要来源于脂肪酸在肝脏中分解代谢产生的酮体，在健康人体中，酮体以 78% 的 β- 羟丁酸、20% 的乙酰乙酸和 2% 的丙酮的比例存在于血液中。人体处于低碳水化合物或高脂肪饮食状态时，酮体的生成会增加。丙酮也可以通过其他代谢途径产生，如糖尿病酮症酸中毒。当肝脏内酮体产生的速度超过肝外组织利用的速度时，血液酮体增加，可出现酮血症，过多的酮体从尿液排出形成酮尿。丙酮的检测方法有高效液相色谱法、气相色谱法、质谱法和气相色谱 - 质谱法。

【实验目的】

掌握：气相色谱 - 质谱法检测丙酮的原理。

熟悉：气相色谱 - 质谱法检测丙酮的操作步骤。

了解：气相色谱 - 质谱法检测丙酮的参数设置。

【实验原理】

标本经提取、纯化处理后通过色谱柱，丙酮分子根据其在色谱柱固定相和流动相（如氦气）中的分配系数被分离。分离后的丙酮分子进入质谱仪，在电离源的作用下被电离成带电离子。电离后的离子根据质荷比（m/z）在质量分析器中分离，形成质谱图。软件对数据进行处理，分析质谱图中的特征离子峰，并与已知浓度的标准品进行比较，实现丙酮的定性和定量分析。

【试剂与仪器】

1. 试剂

去离子水	GB/T 6682 一级水
甲醇	色谱纯
乙腈	色谱纯
丙酮	纯度≥99.5%
无水硫酸钠	分析纯

2. 甲醇 / 乙腈（$V:V=15:85$）。

3. 1.0mg/ml 丙酮标准贮存液　称取丙酮 100mg，用水定容至 100ml，4℃保存，有效期6个月。

4. 0.1mg/ml 丙酮标准工作溶液　量取 1.0mg/ml 的丙酮标准贮存液 5.0ml，用水定容至50ml，4℃保存，有效期 6 个月。实验中所用其他浓度的丙酮标准工作液均由 1.0mg/ml 丙酮标准溶液用水稀释得到。

5. 仪器　气相色谱 - 质谱仪（配有电子轰击离子源）；感量 0.1mg 电子天平；浓缩器。

【操作步骤】

1. 定性分析

（1）样品提取：取血清 1.0～2.0ml 于具盖离心管中。加入甲醇 / 乙腈混合溶剂 8.0ml，振荡 5 分钟，8 000r/min 离心 10 分钟。分离有机相；重复提取一次，合并两次提取的有机相，用无水硫酸钠 15.0g 脱水后，置于浓缩器上浓缩至干（无可见液体残留），残留物用 100μl 甲醇溶解，供仪器分析。

（2）质控样品制备：取质量浓度为 1.0μg/ml 丙酮标准溶液作为添加样品，取水作为空白样品，分别与检测样品平行操作。

（3）仪器检测条件（以下为参考条件，可根据不同品牌仪器和不同样品等实际情况进行调整）：色谱柱：DB-5MS 毛细色谱柱或等效色谱柱；色谱柱温程：150℃保持 1 分钟，以10℃/min 速率升温至 280℃，保持 20 分钟；进样口温度：280℃；传输线温度：260℃；载气：氦气；电子轰击能量：70eV；离子源温度：250℃；倍增器电压：自动调谐值；扫描方式：全扫描；溶剂延迟：3 分钟；柱流量：1ml/min；进样方式：分流进样，分流比（10:1）；质量范围：

30～100Da。

（4）进样：分别吸取检测、空白和添加样品提取液及标准工作溶液，按上述分析条件进样分析。

2. 定量分析

（1）样品制备：按定性分析操作步骤进行操作，另取一份水作为空白样品，两份标准物质溶液作为添加样品（添加样品中目标物含量应为检测样品中目标物含量的 50%～150%），与检测样品平行操作，供仪器分析。

（2）仪器条件：按定性分析的条件设置。

（3）进样：分别吸取检测、空白和添加样品提取液及标准工作液，按定性分析的条件每个样品进样分析 2～3 次。若要报告测量不确定度，每个样品分析次数应不少于 6 次。

【结果计算】

1. 计算含量 记录各样品提取液平行进样 2～3 次的目标物质的保留时间和峰面积值，按如下公式计算含量：

$$W = \frac{A_{样品} \times M_{添加} \times V_{样品}}{A_{添加} \times M_{样品} \times V_{添加}}$$

式中：W 为检测样品中丙酮的含量，单位为微克每毫升（μg/ml）；$A_{样品}$ 为样品中丙酮峰面积平均值；$M_{添加}$ 为样品提取液中丙酮添加量，单位为微克（μg）；$V_{样品}$ 为检测样品的定容体积，单位为毫升（ml）；$A_{添加}$ 为添加样品提取液中丙酮峰面积平均值；$M_{样品}$ 为检测样品的取样量，单位为毫升（ml）；$V_{添加}$ 为添加样品的定容体积，单位为毫升（ml）。

2. 计算相对相差 记录两份平行操作的检测样品中丙酮含量，按如下公式计算相对相差：

$$双样相对相差（\%） = \frac{|C_1 - C_2|}{\bar{C}} \times 100\%$$

式中：C_1、C_2 为两份标本平行定量检测的结果；$\bar{C}$ 为两份标本平行定量测定结果的平均值（$C_1 + C_2$）/2。

【注意事项】

1. 丙酮在室温下可以快速挥发，因此，应使用新鲜标本并尽快检测。

2. 如保存血清时应密闭冷藏或冷冻，检测时先将标本恢复至室温后再检测。

3. 保证室温尽可能恒定，使标准品溶液系列和样品溶液系列在同样的条件下被分析测定。

4. 自动进样时所用小瓶盖垫一次性使用，用过的瓶盖垫易造成试剂的挥发而使待测物浓度升高，且待测物浓度越高的样品误差也越大。

5. 为保证结果准确，需要良好的真空环境。在调谐时进行真空检测，如果通过，则提示真空效果好。

【思考题】

1. 简述气相色谱 - 质谱法测定丙酮的注意事项。

2. 人体内丙酮的来源有哪些？

（赵云冬）

第五节 其 他 技 术

实验 15 微柱层析法测定糖化血红蛋白

成人的血红蛋白(Hb)通常由 HbA(97%)、HbA2(2.5%)和 HbF(0.5%)组成。HbA 又可分为非糖化血红蛋白(即天然血红蛋白)HbA0(94%)和糖化血红蛋白 HbA1(6%)。根据糖化位点和反应参与物的不同,HbA1 可进一步分为 HbA1a、HbA1b、HbA1c 等亚组分,其中血红蛋白 HbA1c 占 HbA1 的 80%,浓度相对恒定。因此,HbA1c 常代表总的糖化血红蛋白水平,是临床监控糖尿病患者长期血糖控制水平的重要指标。糖化血红蛋白检测方法有酶法、金标免疫渗滤法、免疫凝集法、化学发光法、电泳法、高效液相色谱法、离子交换层析法,其中高效液相色谱法是糖化血红蛋白检测"金标准"。

【实验目的】

掌握:微柱层析法检测糖化血红蛋白的基本原理和操作步骤。

熟悉:微柱层析法检测糖化血红蛋白的注意事项。

了解:糖化血红蛋白的其他检测方法。

【实验原理】

微柱层析法测定糖化血红蛋白分为手工操作和自动分析仪检测。

手工法是利用带负电荷的阳离子交换树脂能亲和带正电荷的 Hb,HbA 与 HbA1 均带正电荷亲和在阳离子交换树脂柱上,但 HbA1 的两个 β 链的 N 末端正电荷被糖基清除,正电荷较 HbA 少,使其与树脂的亲和力降低。用 pH 6.7 的磷酸盐缓冲液可首先将带正电荷较少、吸附力较弱的 HbA1 洗脱下来,再用紫外-可见分光光度计测定洗脱液中的 HbA1 占总 Hb 的百分数。

自动化分析法使用阳离子交换柱,通过与不同带电离子作用分离血红蛋白组分,测定 HbA1c 的百分比。由不同盐浓度的洗脱液形成线性梯度洗脱,将 Hb 中的多种成分高效分离,仪器检测分离后各组分的吸光度值,与 HbA1c 标准品吸光度值比较,分析计算出结果,最后以百分率表示 Hb 各组分含量。

【试剂与仪器】

1. 0.2mol/L 磷酸氢二钠溶液(试剂Ⅰ) 称取 Na_2HPO_4 28.396g,溶于蒸馏水并定容至 1L。

2. 0.2mol/L 磷酸二氢钠溶液(试剂Ⅱ) 称取 $NaH_2PO_4 \cdot 2H_2O$ 31.206g,溶于蒸馏水并定容至 1L。

3. 溶血剂(pH 4.62) 取 25ml 试剂Ⅱ,加 0.2ml Triton X-100,加蒸馏水定容至 100ml。

4. pH 6.7 磷酸盐缓冲液(洗脱液Ⅰ) 取 100ml 试剂Ⅰ,150ml 试剂Ⅱ,加蒸馏水定容至 1L。

5. pH 6.4 磷酸盐缓冲液(洗脱液Ⅱ) 取 300ml 试剂Ⅰ,700ml 试剂Ⅱ,加 300ml 蒸馏水,混匀即可。

6. 阳离子交换树脂 阳离子交换树脂200～400目，钠型，分析纯级。

7. 仪器 塑料微柱；紫外-可见分光光度计；糖化血红蛋白自动分析仪。

【操作步骤】

1. 手工操作

（1）树脂处理：称取阳离子交换树脂10g，加0.1mol/L NaOH溶液30ml，搅匀，置室温30分钟，其间搅拌2～3次。然后加浓盐酸数滴，调至pH 6.7，弃上清液，用约50ml蒸馏水洗1次，用洗脱液Ⅱ洗2次，再用洗脱液Ⅰ洗4次。

（2）填充装柱：加洗脱液Ⅰ悬浮上述处理过的树脂，用毛细滴管加入塑料微柱内，均匀填充树脂床，高度30～40mm，且无气泡无断层。

（3）制备溶血液：2ml生理盐水中加入EDTA抗凝血20μl，摇匀，离心，弃上清液；加0.3ml溶血剂，摇匀，置37℃水浴15分钟，去除不稳定的HbA1。

（4）准备微柱：颠倒摇动微柱使树脂混悬，然后去掉上下盖，将柱插入15mm×150mm的大试管中，使柱内缓冲液完全流出。

（5）上样：用微量加样器取100μl溶血液，加至微柱内树脂床上，待溶血液完全进入树脂床后，将柱移入另一支15mm×150mm的空试管中。

（6）洗脱：取3ml洗脱液Ⅰ缓缓加至树脂床上（保证柱床面平整），收集流出物，即为HbA1（测定管）。

（7）对照管：取步骤（3）制备的溶血液50μl，加7.5ml蒸馏水，摇匀，即为总Hb管。

（8）比色：用紫外-可见分光光度计，波长为415nm，比色杯光径为10mm，蒸馏水作为空白，测定各管吸光度。

（9）微柱的清洗和保存：用过的柱先加3ml洗脱液Ⅱ，洗下全部Hb，再用洗脱液Ⅰ洗3次（每次3ml），最后加3ml洗脱液Ⅰ，加上下盖，保存备用。

2. 自动分析仪检测 不同实验室具体操作流程会参照所使用的仪器和试剂而有所差异，在保证方法可靠的前提下，按照仪器和试剂说明书设定测定条件，进行标准品、质控品和样品分析。

【结果计算】

手工操作法计算：$HbA1(\%) = \dfrac{测定管A}{对照管A \times 5} \times 100\%$

自动分析仪直接报告结果。

【参考区间】

HbA1（%）：5.0%～8.0%；HbA1c（%）：4.0%～6.0%。

【注意事项】

1. 实验操作过程中洗脱不完全或过度洗脱均对结果有较大影响。

2. 环境温度对层析结果有较大影响，需要严格控制温度，规定的标准温度为22℃。

3. 抗凝剂EDTA和氟化物不影响测定结果，肝素可使结果增高。标本置于室温超过24小时，可使结果增高，于4℃冰箱内可稳定5天。

4. 溶血性贫血患者由于红细胞寿命短，HbA1c可降低。HbF、HbH及Hb Bart可与HbA1一起洗脱下来，可使结果呈假阳性，有HbC和HbS的患者，可使结果偏低。

【思考题】

1. 糖化血红蛋白的测定方法有哪些？
2. 检测糖化血红蛋白能反映多长时间的血糖水平？

（赵云冬）

实验16 垂直梯度离心法分析血脂亚组分

垂直密度梯度离心自动血脂谱检测法（vertical auto profile，VAP）常称为垂直梯度离心法，是检测血脂亚组分的常用方法，参考经典的超速离心血脂检测原理，能较为完整地分离血浆脂蛋白颗粒，可以检测所有脂蛋白类胆固醇浓度及其亚类，还可检测 LDL 颗粒的浓度和分型等共 15 项血脂指标。通过对脂蛋白亚组分、颗粒浓度以及遗传风险项目的精准检测，有效避免了传统胆固醇检测方法遗漏心血管疾病高风险人群的问题，可更早发现脂蛋白异常，更有效和精准地控制血脂异常，提早进行干预，防止心脑血管疾病的发生。

【实验目的】

掌握：垂直梯度离心分析血脂亚组分的操作步骤及结果判定方法。

熟悉：垂直梯度离心分析血脂亚组分的实验原理。

了解：血脂亚组分的其他分离分析方法。

【实验原理】

利用稀释液将样本稀释，利用密度液调整梯度介质溶液。经超速离心后，样本中的脂蛋白按照密度大小连续地分布在密度液中。在血脂分型检测仪中，分离后的脂蛋白依次连续通过离心管底部，利用特殊的表面活性剂，使不同的脂蛋白快速溶解，释放出胆固醇，并利用胆固醇酯酶和胆固醇氧化酶反应，在连续流动的管路中实时检测吸光度的变化，根据出峰时间和面积，专用分析软件区分每一类型的脂蛋白，最终计算该类脂蛋白颗粒对应的胆固醇含量。

【试剂与仪器】

1. VAP 血脂亚组分检测试剂盒（连续密度扫描法） 由稀释液、密度液、血脂试剂、校准品、质控品组成。

2. 仪器 血脂亚组分分析仪。

【操作步骤】

1. 通过单垂直旋转密度梯度超速离心分离脂蛋白，在特制的梯度介质内将血浆快速垂直离心后，使密度最大的最终位于管的底部，得到脂蛋白分层的标本。

2. 将离心后的标本放在血脂亚组分检测仪上，仪器将离心管的底部戳破，分层的脂蛋白从离心管底部流下来，并依次与胆固醇试剂反应，获得连续的脂蛋白胆固醇检测图谱。

3. 连续密度扫描法通过胆固醇含量对这些分离的脂蛋白进行定量，然后在 505nm 处测量吸光度以确定每个脂蛋白类别和亚类相关的胆固醇浓度，从而提供脂蛋白谱。

4. 血浆标本中 LDL-P 可通过调整溶液浓度提取出来，利用激光散射原理获取颗粒平均体积大小，计算出 LDL-P 型别和浓度：A 型 LDL-P，以大而轻 LDL 颗粒为主；B 型 LDL-P，以小而密 LDL 颗粒（small and dense-LDL，sd-LDL）为主；A/B 中间型 LDL-P。

5. 通过软件计算出每种脂蛋白胆固醇的含量,包括 Lp(a)、HDL 亚型(HDL$_2$,HDL$_3$)、LDL 密度模式等。基于 LDL 最大时间值分析 LDL 密度模式:小而密 LDL(B 型)对应的时间(≤115 秒),大而轻 LDL(A 型)对应的时间(≥118 秒),中间密度(A/B 中间型)介于两者之间。利用垂直脂蛋白图谱法(vertical lipoprotein profile,VLP)检测 LDL-P,利用垂直梯度超速离心法分离各类脂蛋白,随后利用位于 VLP 分析仪上的检测器,通过检测器的多角度激光散射来测定 LDL 组分中的 LDL-P 浓度。

【结果判定】

血脂亚组分检测报告单见文末彩图 2-3。

【注意事项】

标本外送时需冷链运输。

【思考题】

1. 什么是血脂亚组分?血脂亚组分包括哪些?
2. 试述垂直梯度离心法和差速离心法的区别。

(赵云冬)

实验 17　原子吸收分光光度法测定血清锌

锌是人体内必需微量元素,是多种酶的组成部分或激活因子,参与核酸与蛋白质代谢。锌与人体的生长发育、健康状态密切相关,对免疫防御和创伤愈合等有重要作用。原子吸收分光光度法是一种成熟、快速的检测技术,已广泛应用于多种金属元素的检测。

【实验目的】

掌握:原子吸收分光光度法测定血锌含量的基本原理和操作方法。

熟悉:原子吸收光谱的基本构造和使用方法。

了解:血锌检测的其他方法。

【实验原理】

标本在高温下反应,离子锌被还原并转化为锌原子蒸气,在锌的特征性波长 213.8nm 测定吸光度。锌的空心阴极灯发射 213.8nm 谱线,通过火焰进入分光系统照射到检测器上。血清用去离子水稀释,吸入原子化器(火焰),锌在高温下离解成锌原子蒸气。锌的空心阴极灯发射的 213.8nm 谱线中,部分发射光被蒸气中的基态锌原子吸收,光吸收的强度与火焰中锌离子的浓度成正比。用 50ml/L 甘油稀释锌标准液,使标准液与稀释血清有相似的黏度,通过标准曲线读出血清锌的浓度。

【试剂与仪器】

1. 50ml/L 甘油　称取甘油 50ml,加去离子水定容至 1L。
2. 锌高标准贮存液(1g/L)　准确称取纯金属锌粒 200mg,溶于 10 倍稀释的硝酸 20ml 中,加去离子水定容至 200ml。
3. 锌中标准贮存液(10mg/L)　准确吸取 1g/L 锌高标准贮存液 1ml 加 50ml/L 甘油定容至 100ml。

4. **锌标准工作液** 分别吸取 10mg/L 锌中标准贮存液 5ml、10ml、15ml、20ml 于 4 支 100ml 容量瓶中,各加 50ml/L 甘油定容至 100ml,最终锌浓度分别为 500μg/L、1 000μg/L、1 500μg/L 和 2 000μg/L。

5. **仪器** 原子吸收分光光度计;锌空心阴极灯。

【操作步骤】

1. **标本收集和处理** 取静脉血 4.0ml 注入洁净的聚乙烯小试管内,迅速送检,分离血清时应避免溶血。

2. **稀释血清** 吸取血清和质控血清各 0.5ml 于聚乙烯塑料试管内,加去离子水 2.0ml,混匀,备用。

3. **仪器** 调节原子吸收分光光度计至波长 213.8nm,狭缝宽度 0.7nm,空气 - 乙炔火焰。根据仪器说明书来调气压、流速、标本吸入速度、灯电流和灯位置,使其达到最大灵敏度。

4. **测定** ①吸入甘油稀释液进入火焰,调基线,使吸光度为零。②吸进从低浓度到高浓度的锌标准工作液,重复进样直至读出的吸光度稳定在 ±0.002,绘制标准曲线。③吸入稀释血清和稀释质控血清,读取吸光度,然后从标准曲线上查取锌浓度(μg/L)。质控血清测定值应在靶值的 ±6% 以内。

【结果计算】

$$血清锌(\mu mol/L) = \frac{测定管 A - 空白管 A}{标准管 A} \times 锌标准工作液浓度(\mu mol/L)$$

【参考区间】

血清锌:9.0~20.7μmol/L。

【注意事项】

1. 样品的吸入速度和火焰状态保持恒定是取得重复结果的重要环节。为了保持雾化器的清洁,要定期吸进稀盐酸清洗。燃烧头应放在非酸性清洁液中浸泡,使用前彻底清洗,保持燃烧喷口的通畅和表面光滑。操作过程都要严格防止锌污染。因橡胶制品含锌较高,故不宜与标本接触。

2. 聚丙烯制品是最合适的容器。玻璃可持续弥散少量锌,因此不可用玻璃容器,标本、去离子水、试剂应存放在聚丙烯制品的容器内。不同类型的聚四氟乙烯和聚乙烯也含有锌,能弥散入样本中,在长期贮藏时锌值可升高。

3. 标本应避免溶血并及时测定。

【思考题】

1. 血锌检测过程中需要注意哪些因素?
2. 简述测定血锌的方法学评价。

(赵云冬)

第三章 临床生物化学检验常规实验

临床生物化学检验常规实验是生化检验中最常用的实验方法，在全国各级各类医院和高等医学院校实验室中广泛应用。本章的生化检验项目包括血糖、血脂、胆红素、胆汁酸、肌酐、尿酸和各种血清酶的测定，实验方法主要包括化学法、脱氢酶指示系统、过氧化物酶指示系统、色素原底物和酶循环法等。

第一节 化学法测定实验

化学法测定是通过化学反应生成具有特异吸收峰的物质，通过吸光度值的变化测定血清中某物质的量。主要包括果糖胺法测定血清糖化白蛋白、双缩脲法测定血清总蛋白、溴甲酚绿法测定血清白蛋白、改良 J-G 法测定总胆红素和结合胆红素、碱性苦味酸法测定血清（浆）肌酐、碘 - 淀粉比色法测定血清（浆）淀粉酶、磷酸苯二钠比色法测定血清碱性磷酸酶、偶氮胂Ⅲ比色法测定血清钙等。

实验18 果糖胺法测定血清糖化白蛋白

血糖可以与血清中蛋白质的 N 端发生非酶促糖基化反应，形成的酮胺化合物结构类似果糖胺，称为血清糖化蛋白。临床上可以采用免疫学方法、离子交换层析法、果糖胺法、酮胺氧化酶法、硫代巴比妥酸法等来测定糖化白蛋白，其中最常用的为酮胺氧化酶法和硫代巴比妥酸法。

【实验目的】

掌握：果糖胺法测定血清糖化白蛋白的原理和操作步骤。

熟悉：果糖胺法测定血清糖化白蛋白的注意事项。

了解：测定血清糖化白蛋白的方法学评价和研究进展。

【实验原理】

血清中的葡萄糖与白蛋白及其他蛋白分子 N 末端的氨基酸可形成高分子酮胺结构，该结构能在碱性环境中与氯化硝基四氮唑蓝（NBT）发生还原反应，生成紫红色的甲䐶，以 1-脱氧 -1- 吗啉果糖（DMF）为标准参照物，进行比色测定，从校正曲线上查出对应的糖化白蛋白浓度。

$$糖化白蛋白（果糖胺）+氯化硝基四氮唑蓝 \xrightarrow{碱性条件} 甲䐶$$

【试剂与仪器】

1. 0.1mol/L 碳酸盐缓冲液（pH 10.8） 取无水碳酸钠 9.54g、碳酸氢钠 0.84g，充分溶于蒸馏水,定容至 1 000ml。

2. **0.1mmol/L NBT 试剂** 取氯化硝基四氮唑蓝 82mg,用 0.1mol/L 碳酸盐缓冲液溶解,定容至 1 000ml。4℃保存,可以稳定至少 3 个月。

3. **40g/L 牛血清白蛋白溶液** 取 40g 牛血清白蛋白溶于 1 000ml 蒸馏水,4℃保存。

4. **4mmo/L DMF 标准液** 取 DMF 99.6mg,溶解于 100ml 40g/L 牛血清白蛋白溶液中。

5. **仪器** 自动生化分析仪或分光光度计。

【操作步骤】

1. **校正曲线制备** 取 4mmol/L DMF 用 40g/L 牛血清白蛋白溶液稀释成 1mmol/L(U1)、2mmol/L(U2)、3mmol/L(U3)、4mmol/L(U4)标准液,以 40g/L 牛血清白蛋白溶液作为空白对照,按表 3-1 操作。

表 3-1 校正曲线操作步骤

加入物	空白管(B)	测定管(U1)	测定管(U2)	测定管(U3)	测定管(U4)
标准液 /ml	—	0.1	0.1	0.1	0.1
牛血清白蛋白 /ml	0.1	—	—	—	—
NBT(37℃预热)/ml	4.0	4.0	4.0	4.0	4.0

各管均需做平行管,充分混匀,37℃水浴 15 分钟,冷却后 15 分钟内在 550nm 波长处比色,以空白管调零,读取各测定管吸光度,计算各浓度 DMF 相应的吸光度均值。以 DMF 浓度为横坐标,各浓度吸光度的均值为纵坐标,制成校正曲线(DMF 浓度在 4mmol/L 以内与吸光度呈线性关系)。

2. **标本的测定** 按表 3-2 操作。

表 3-2 果糖胺法测定血清糖化白蛋白操作步骤

加入物	空白管(B)	测定管(U)
血清(血浆)/ml	—	0.1
蒸馏水 /ml	0.1	—
NBT(37℃预热)/ml	4.0	4.0

将各管充分混匀,37℃水浴 15 分钟,冷却后 15 分钟内在 550nm 波长处比色,以空白管调零,读取测定管吸光度,从校正曲线上查出 DMF 浓度,即为血清糖化白蛋白浓度。

【参考区间】

1.65~2.15mmol/L。

【注意事项】

1. pH、反应温度及反应时间等对实验结果都有较大影响,必须严格控制实验条件。

2. 采用定值冻干糖化血清蛋白作标准,测定结果更稳定。

3. 果糖胺法经济、方便、快速,适用于自动化和手动测定,但易受血红蛋白、甘油三酯、胆红素等物质干扰。

4. DMF 的合成方法 称取无水 D- 葡萄糖 90g（0.5mol）、吗啡啉 58g（0.67mol），加蒸馏水于 60～70℃溶解后，定容至 1L，约 20 分钟后移去水浴，缓慢地加入丙二酸 18g（需在 10 分钟以上完成）。置于 80℃水浴，不断搅拌，颜色会逐渐由黄绿色变为琥珀色。10 分钟后，加无水乙醇 70ml，75℃水浴 30 分钟，加丙酮 70ml。析出的结晶即为 DMF。放于 4℃冰箱过夜，收集结晶，干燥备用。DMF 的熔点为 146℃，分子式是 $C_{10}H_{19}O_6N$，分子量为 249。

【思考题】

1. 什么是血清糖化白蛋白？在血清中如何形成？
2. 检测血清糖化白蛋白有什么临床意义？
3. 糖化白蛋白与果糖胺有何区别和联系？

（程 凯）

实验19 双缩脲法测定血清总蛋白

血清总蛋白（total protein，TP）指血清中所有蛋白质的总称，与肝脏合成蛋白质的功能和免疫球蛋白的合成能力有关。检测方法有双缩脲法、凯氏定氮法、染料结合法、酚试剂法、比浊法、紫外吸收法等，其中双缩脲法最常用。

【实验目的】

掌握：双缩脲法测定血清总蛋白的原理和操作步骤。

熟悉：双缩脲法测定血清总蛋白的注意事项。

了解：测定血清总蛋白的其他方法和研究进展。

【实验原理】

蛋白质的肽键（—CO—NH—）在碱性溶液中加热能与 Cu^{2+} 作用生成稳定的紫红色络合物（图 3-1）。此反应和尿素分子缩合后生成的双缩脲（H_2N—OC—NH—CO—NH_2）反应相似，故称为双缩脲反应。这种紫红色络合物在 540nm 处的吸光度与肽键数量成正比，经与同样处理的蛋白质标准液比较，即可求得总蛋白质含量。

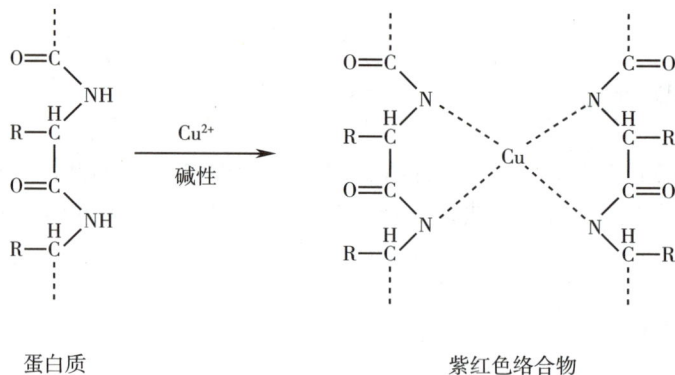

图 3-1 双缩脲反应

【试剂与仪器】

1. 6mol/L NaOH 溶液 称取新开瓶的 NaOH 240g，溶于约 800ml 新鲜制备的蒸馏水

（或刚煮沸冷却的去离子水）中，加水定容至 1L，贮于有盖塑料瓶中。

2. **双缩脲试剂**　称取硫酸铜结晶（$CuSO_4 \cdot 5H_2O$）3g 溶于 500ml 新鲜制备的蒸馏水或刚煮沸冷却的去离子水中，加入酒石酸钾钠（$NaKC_4H_4O_6 \cdot 4H_2O$）9g 和碘化钾（KI）5g，待完全溶解后，在搅拌下加入 6mol/L NaOH 溶液 100ml，蒸馏水定容至 1L，置于塑料瓶中盖紧保存，此试剂室温下可稳定半年。

3. **双缩脲空白试剂**　除不含硫酸铜外，其余成分与双缩脲试剂相同。

4. **70g/L 蛋白质标准液**　常用牛血清白蛋白或正常人混合血清，经凯氏定氮法测定总蛋白值，亦可选用市售的定值参考血清或标准白蛋白作为标准。

5. **仪器**　自动生化分析仪或分光光度计。

【操作步骤】

1. **自动生化分析仪法**　按试剂盒说明书提供的参数进行操作。

2. **手工操作法**　按表 3-3 操作。

表 3-3　双缩脲法测定血清总蛋白操作步骤

加入物	空白管（B）	标准管（S）	测定管（U）
血清 /ml	—	—	0.20
蛋白标准液 /ml	—	0.20	—
蒸馏水 /ml	0.20	—	—
双缩脲试剂 /ml	3.0	3.0	3.0

各管充分混匀，37℃温育 10 分钟，在波长 540nm 处用空白管调零，分别读取标准管和测定管的吸光度，计算结果。

【结果计算】

$$血清总蛋白浓度（g/L）=\frac{测定管吸光度}{标准管吸光度} \times 70$$

【参考区间】

健康成人血清总蛋白浓度为 65～85g/L。

【注意事项】

1. 双缩脲试剂中碱性酒石酸钾钠的作用是结合铜离子，维持铜离子在碱性溶液中的溶解度，加入碘化钾可以防止铜离子自动还原形成一价氧化铜沉淀。

2. 本法灵敏度不高，不适用于蛋白质浓度很低的脑脊液和尿液蛋白定量。

3. 双缩脲试剂在配制过程中加 NaOH 必须边加边充分搅拌，搅拌不均匀容易形成沉淀，影响后续实验。

【思考题】

1. 总蛋白测定方法有哪些？各有何优缺点？临床上最常用的方法是哪种？

2. 双缩脲试剂中酒石酸钾钠、KI 的作用是什么？

（程　凯）

实验 20 溴甲酚绿法测定血清白蛋白

白蛋白（albumin, Alb）分子量为 66.3kDa，是血清中含量最多的蛋白质，占血清总蛋白的 57%～68%。白蛋白是体内主要的营养蛋白，参与维持血浆胶体渗透压、血浆酸碱平衡和多种物质转运。检测血清白蛋白可以反映肝脏合成蛋白质的能力，也可以反映机体营养状况。

【实验目的】

掌握：溴甲酚绿法测定血清白蛋白的原理和操作步骤。

熟悉：溴甲酚绿法测定血清白蛋白的注意事项。

了解：测定血清白蛋白的其他方法和研究进展。

【实验原理】

白蛋白的等电点（pI）为 4.6～5.8，在 pH 4.2 的缓冲液中带正电荷，在有非离子型表面活性剂存在的情况下，与带负电荷的染料溴甲酚绿（bromocresol green, BCG）结合形成蓝绿色复合物，在 628nm 处有特异吸收峰，颜色深浅与白蛋白浓度成正比，与同样处理的白蛋白标准比较，可求得白蛋白含量。

【试剂与仪器】

1. **BCG 试剂** 称取 0.105g BCG、8.85g 琥珀酸（丁二酸）、0.1g 叠氮钠，溶于 950ml 蒸馏水，加入 4ml 浓度为 300g/L 的聚氧乙烯月桂醚（Brij-35）。待完全溶解后，用 6mol/L NaOH 调节 pH 至 4.15～4.25，定容至 1L。试剂在 628nm 波长处，蒸馏水调零，BCG 试剂吸光度应在 0.150 左右。将试剂贮存于聚乙烯塑料瓶中，密封保存，置室温中至少可稳定 6 个月。

2. **BCG 空白试剂** 除不加 BCG 外，其余成分和配制方法完全同 BCG 试剂。

3. **40g/L 白蛋白标准液** 称取人白蛋白 4g、叠氮钠 50mg，溶于适量蒸馏水中并缓慢搅拌助溶，定容至 100ml，密封贮存于 4℃冰箱，可稳定半年。也可选用定值参考血清作白蛋白标准。

4. **仪器** 自动生化分析仪或分光光度计。

【操作步骤】

1. **自动生化分析法** 参数设置参照自动生化分析仪及试剂盒说明书。

2. **手工操作法** 按表 3-4 操作。

表 3-4 溴甲酚绿法测定血清白蛋白操作步骤

加入物	空白管（B）	标准管（S）	测定管（U）
待测血清 /ml	—	—	0.02
白蛋白标准液 /ml	—	0.02	—
蒸馏水 /ml	0.02	—	—
BCG 试剂 /ml	5.0	5.0	5.0

在波长 628nm 处以空白管调零，逐管加入 BCG 试剂，并立即混匀，在（30±3）秒内读取吸光度。

【结果计算】

$$血清白蛋白浓度（g/L）= \frac{测定管吸光度}{标准管吸光度} \times 40$$

【参考区间】

健康成人血清白蛋白浓度 40～55g/L。

【注意事项】

1. BCG 是一种 pH 指示剂，pH 3.8 时显黄色，pH 5.4 时显蓝绿色，因此控制反应液的 pH 是本法测定的关键。实验中所有的试剂、仪器应避免酸碱的污染。

2. 检测血清白蛋白也可采用溴甲酚紫法，该法特异性好，因为动物血清白蛋白反应性低，必须选择人源性质控血清和标准品。

3. 本法标本用量很少，一定要保证准确加入，否则对结果影响较大。

4. 轻、中度脂血对结果影响不大，如标本因严重高脂血症而浑浊，须加做标本空白管（取血清 0.02ml，BCG 空白试剂 5ml）。在波长 628nm 处用 BCG 空白试剂调零，测定标本空白管吸光度，用测定管吸光度减去标本空白管吸光度后，用净吸光度计算标本白蛋白浓度。

5. 本法不受高胆固醇、高葡萄糖、高球蛋白含量的影响。轻度溶血及黄疸对结果没有影响，重度溶血须重新采血。

6. 配制 BCG 试剂也可用其他缓冲液如枸橼酸盐或乳酸盐缓冲液。但以琥珀酸盐缓冲液的校准曲线通过原点，线性好，灵敏度高，成为首选推荐配方。

7. 试剂中的 Brij-35 也可用其他表面活性剂代替，如吐温 -20 或吐温 -80，终浓度为 2ml/L。

【思考题】

1. 测定白蛋白的方法有哪些？临床上哪种方法最常用，为什么？

2. 溴甲酚绿法若不能控制在 30 秒内比色，采用定值血清白蛋白作为标准与纯白蛋白作为标准的测定结果有何不同？

（程　凯）

实验 21　改良 J-G 法测定血清总胆红素和结合胆红素

胆红素是体内胆色素代谢的产物，主要由血红蛋白代谢生成，在血液中由白蛋白结合转运至肝脏，在内质网转化为结合胆红素，随胆汁排入肠道，是粪便颜色的来源。临床上通过检测血清胆红素可以判断黄疸的程度和类型。

【实验目的】

掌握：改良 J-G 法测定总胆红素和结合胆红素的原理和操作步骤。

熟悉：改良 J-G 法测定总胆红素和结合胆红素的注意事项和参考区间。

了解：测定总胆红素和结合胆红素的其他方法。

【实验原理】

在 pH 6.5 环境下，血清结合胆红素可与重氮试剂直接发生反应，生成偶氮胆红素；非结合胆红素需在加速剂咖啡因 - 苯甲酸钠作用下，破坏其分子内氢键后方能与重氮试剂发生反应，生成偶氮胆红素。加入碱性酒石酸钠后使紫色偶氮胆红素（吸收峰 530nm）转变为蓝绿色偶氮胆红素（吸收峰 600nm），提高了检测的灵敏度和特异性。

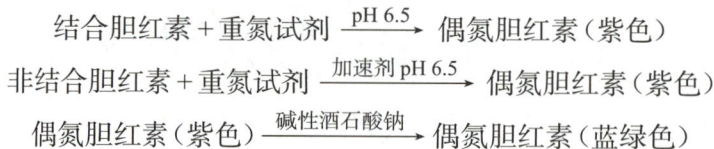

$$结合胆红素 + 重氮试剂 \xrightarrow{pH\,6.5} 偶氮胆红素（紫色）$$

$$非结合胆红素 + 重氮试剂 \xrightarrow{加速剂\,pH\,6.5} 偶氮胆红素（紫色）$$

$$偶氮胆红素（紫色） \xrightarrow{碱性酒石酸钠} 偶氮胆红素（蓝绿色）$$

【试剂与仪器】

1. **咖啡因 - 苯甲酸钠试剂** 分别称取无水乙酸钠 56g、苯甲酸钠 56g、乙二胺四乙酸二钠（EDTA-Na$_2$）1g，充分溶解于 700ml 蒸馏水中，加入咖啡因 37.5g，搅拌溶解充分，定容至 1L，混匀。若试剂有轻微浑浊，可用滤纸过滤，置棕色瓶，室温保存。

2. **碱性酒石酸钠溶液** 称取 NaOH 75g，酒石酸钠（Na$_2$C$_4$H$_4$O$_6$·4H$_2$O）263g，溶于 700ml 蒸馏水中，混匀，定容至 1L。置塑料瓶中，室温保存。

3. **72.5mmol/L 亚硝酸钠溶液** 称取亚硝酸钠 0.5g，溶于 70ml 蒸馏水，定容至 100ml，4℃保存，每 2 周配制 1 次。

4. **5g/L 对氨基苯磺酸溶液** 称取对氨基苯磺酸（NH$_2$C$_6$H$_4$SO$_3$H·H$_2$O）5g，溶于 800ml 蒸馏水中，加入浓盐酸 15ml，搅拌溶解充分后，加蒸馏水定容至 1L，室温保存。

5. **重氮试剂** 用前取上述配制好的亚硝酸钠溶液 0.5ml 和对氨基苯磺酸溶液 20ml，混匀。

6. **5g/L 叠氮钠溶液** 称取叠氮钠 0.5g，蒸馏水溶解，稀释至 100ml。

7. **171μmol/L 胆红素标准贮存液** 准确称取胆红素 10mg，加入二甲亚砜 1ml，玻璃棒搅拌成混悬液。加入 0.05mol/L 碳酸钠溶液 2ml，待胆红素完全溶解后，移入 100ml 容量瓶中，缓慢加入 0.1mol/L 盐酸 2ml，边加边摇。最后以人混合血清定容。配制过程应尽量避光，配后尽快做校正曲线。

上述试剂均可采用购买的性能较好的试剂盒。

【操作步骤】

1. **校正曲线绘制** 按表 3-5 配制胆红素标准液。

表 3-5 胆红素标准液的配制

加入物	管号				
	1	2	3	4	5
171μmol/L 胆红素标准贮存液 /ml	0.4	0.8	1.2	1.6	2.0
稀释用血清 /ml	1.6	1.2	0.8	0.4	—
胆红素浓度 /（μmol/L）	34.2	68.4	103	137	171

各管充分混匀，按总胆红素测定法操作。每一浓度均需做平行管，并分别做标准对照管，用各自的标准对照管调零，读取标准管的吸光度（As），同时测定配制标准液中稀释血清的胆红素吸光度（A_0）。各标准管的吸光度值减去标准液用的稀释血清胆红素吸光度值，此吸光度（$A = As - A_0$）与相应胆红素浓度绘制校正曲线。

2. **胆红素的测定** 按表 3-6 操作。

表 3-6 改良 J-G 法测定胆红素操作步骤 单位:ml

加入物	总胆红素管	结合胆红素管	对照管
血清	0.2	0.2	0.2
咖啡因 - 苯甲酸钠试剂	1.6	—	1.6
对氨基苯磺酸溶液	—	—	0.4
重氮试剂	0.4	0.4	—
每加一种试剂后混匀,加重氮试剂后各管置室温 10min			
叠氮钠溶液	—	0.05	—
咖啡因 - 苯甲酸钠试剂	—	1.55	—
碱性酒石酸钠溶液	1.2	1.2	1.2

各管充分混匀,在波长 600nm,用对照管调零,分别读取各管吸光度,在校正曲线上查出相应的胆红素浓度。

【参考区间】

血清总胆红素:3.4~17.1μmol/L;血清结合胆红素(10 分钟):0~6.8μmol/L。

【注意事项】

1. 本法不受温度变化的影响,两小时内显色非常稳定,标本尽量避光置冰箱保存。

2. 轻度溶血对本法无影响,但严重溶血时可使测定结果偏低。其原因是血红蛋白与重氮试剂反应形成的产物可破坏偶氮胆红素,还可被亚硝酸氧化为高铁血红蛋白而干扰吸光度测定。血脂及脂溶性色素对测定有干扰,应空腹采血。

3. 叠氮钠能破坏重氮试剂,终止偶氮反应。凡用叠氮钠作防腐剂的质控血清,可引起偶氮反应不完全,甚至不显色。

4. 结合胆红素测定在临床上方法不同,反应时间不同,结果相差很大。时间短、非结合胆红素参与反应少,结合胆红素反应也不完全;时间长,结合胆红素反应较完全,但一部分非结合胆红素也参与反应。

【思考题】

1. 测定胆红素的方法有哪些?它们各有何优缺点?

2. 测定胆红素标本及标准液为什么要低温、避光保存?

3. 用叠氮钠作防腐剂的质控血清为什么不能测定胆红素?

(程 凯)

实验 22 碱性苦味酸法测定血清(浆)肌酐

肌酐(creatinine,Cr)是肌酸和磷酸肌酸代谢的终产物,由肾小球滤过并从尿中排出体外。肌肉中每天大约有 1%~2% 的肌酸转化成肌酐。内源性肌酐产生量和肌肉质量成正比。因此,肌酐生成量与年龄、性别相关。目前血清肌酐常用测定方法有碱性苦味酸法、酶偶连速率法、亚胺水解酶法和毛细管电泳法等。

【实验目的】

掌握：碱性苦味酸法测定肌酐的原理和操作步骤。

熟悉：碱性苦味酸法测定肌酐的注意事项。

了解：肌酐检测常用方法及其进展。

【实验原理】

血清或血浆标本经去蛋白处理后，在碱性条件下肌酐与苦味酸发生 Jaffé 反应，生成橘红色的苦味酸肌酐复合物，该复合物生成量与肌酐含量成正比。于 510～520nm 波长处测定其吸光度，与同样处理的肌酐标准液比较，即可计算出待测样品中肌酐含量。

【试剂与仪器】

1. 35mmol/L 钨酸溶液

（1）100ml 蒸馏水中加入 1g 聚乙烯醇，加热助溶勿煮沸，冷却备用。

（2）将 11.5g 钨酸钠（$Na_2WO_4 \cdot 2H_2O$，分子量为 329.81）加入 300ml 蒸馏水中，混匀至完全溶解。

（3）将 2.1ml 浓硫酸沿烧杯壁慢慢加入 300ml 蒸馏水中（边加边搅拌混合），冷却备用。

将（1）液加入（2）液中，移入 1L 容量瓶，再加入（3）液并混匀，加蒸馏水至刻度，室温稳定保存 1 年。

2. 0.04mol/L 苦味酸溶液　称取分析纯苦味酸（$C_6H_3N_3O_7$，分子量为 229.11）9.3g，将其溶于 500ml 80℃蒸馏水中，冷却至室温后，加蒸馏水至 1L。以酚酞作为指示剂，用 0.1mol/L 氢氧化钠滴定。根据滴定结果，使苦味酸浓度至 0.04mmol/L，于棕色瓶中贮存。

3. 0.75mol/L 氢氧化钠溶液　准确称取分析纯氢氧化钠固体 30g，加蒸馏水摇匀，并使其充分溶解，冷却后加蒸馏水至 1L。

4. 10mmol/L 肌酐标准贮存液　称取肌酐（$C_4H_7N_3O$，分子量为 113.12）113mg，用 0.1mol/L 盐酸溶解，移入 100ml 容量瓶内，用 0.1mol/L 盐酸溶液定容。

5. 10μmol/L 肌酐标准应用液　取 1ml 的 10mmol/L 肌酐标准贮存液，用 0.1mol/L 盐酸稀释至 1L。

6. 仪器　分光光度计。

【操作步骤】

1. 血清无蛋白滤液制备　取血清（血浆）0.5ml，加入 35mmol/L 钨酸溶液 4.5ml，并充分混匀，静置 5 分钟后，3 000r/min 离心 10 分钟，取上清液进行检测。

2. 肌酐的测定　按表 3-7 操作。

表 3-7　去蛋白碱性苦味酸法测定肌酐操作步骤　　　　　　　　　　　单位：ml

加入物	空白管	标准管	测定管
血清（血浆）无蛋白滤液	—	—	3.0
10μmol/L 肌酐标准应用液	—	3.0	—
蒸馏水	3.0	—	—
0.04mol/L 苦味酸溶液	1.0	1.0	1.0
0.75mol/L 氢氧化钠溶液	1.0	1.0	1.0

混匀，放置室温反应 15 分钟。用空白管调零，比色皿光径为 1cm，在 510nm 波长下读取吸光度。

【结果计算】

$$血清肌酐（μmol/L）= \frac{测定管吸光度}{标准管吸光度} \times 100$$

【参考区间】

男性：20～59 岁，57～97μmol/L；60～79 岁，57～111μmol/L。

女性：20～59 岁，41～73μmol/L；60～79 岁，41～81μmol/L。

【注意事项】

1．反应温度在 15～25℃为最佳。如果温度低于 10℃，会抑制 Jaffé 反应；如果温度升高，空白、标准、测定的吸光度亦不成比例地增高。

2．反应显色后，标准管吸光度较稳定，测定管吸光度随时间延长而增加，可能与血清中的非特异性物质有关。因此，加入显色剂后需在 30 分钟内完成比色。

3．该实验对苦味酸纯度要求较高。若存在杂质，易导致空白吸光度增加而干扰测试结果。

4．血清（血浆）标本如当天不能测定，在冰箱中可保留 3 天。长期保存需置于 −20℃。

【思考题】

1．肌酐的测定方法主要有哪些？

2．为什么采用 Jaffé 反应测定血清（血浆）肌酐浓度时不宜使用全血标本？

3．何为假肌酐？如何消除假肌酐干扰？

（左云飞）

实验 23　碘 - 淀粉比色法测定血清（浆）淀粉酶

α- 淀粉酶（amylase，AMY）是催化多糖化合物 1,4- 糖苷键水解的一组酶，主要存在于胰腺和唾液腺中。AMY 是一种钙依赖性金属蛋白酶，卤素和其他阴离子对 AMY 有激活作用。AMY 测定方法为黏度测量法、碘量法、比浊法、糖化法和染料释放法等。

【实验目的】

掌握：碘 - 淀粉比色法测定血清（浆）淀粉酶的原理和操作步骤。

熟悉：碘 - 淀粉比色法测定血清（浆）淀粉酶的注意事项。

了解：淀粉酶的测定方法。

【实验原理】

血清（浆）中的 α- 淀粉酶催化淀粉分子中的 α-1,4- 糖苷键水解，生成葡萄糖、麦芽糖和含有 α-1,6- 糖苷键支链的糊精等。在底物过量的条件下，反应完成后加入碘液，碘液与未被水解的淀粉发生反应生成蓝色复合物，在 660nm 波长处读取吸光度。蓝色的深浅与未经酶促反应的空白管比较，进而计算出淀粉酶的活性单位。

【试剂与仪器】

1. 0.4g/L 缓冲淀粉溶液 约 500ml 蒸馏水中,分别溶解氯化钠 9g、无水磷酸氢二钠 22.6g(或 $Na_2HPO_4 \cdot 12H_2O$, MW 56.94g)和无水磷酸二氢钾 12.5g,加热至沸腾。另取一小烧杯,准确称取可溶性淀粉 0.4g,加蒸馏水约 10ml,使溶液呈糊状后,加入上述沸腾的溶液中,冷却至室温后,加 37% 甲醛溶液 5ml,用蒸馏水稀释至 1L。该溶液 pH 为 7.0 ± 0.1,4℃冰箱保存。

2. 0.1mol/L 碘贮存液 称取碘酸钾 1.783 5g 和碘化钾 22.5g,溶于约 400ml 蒸馏水中。缓慢加入浓盐酸 4.5ml,边加边搅拌。用蒸馏水定容至 500ml 并充分混匀。贮存于棕色瓶中,放置 4℃冰箱保存。

3. 0.01mol/L 碘应用液 碘贮存液 1 份加蒸馏水 9 份并充分混匀,贮存于棕色瓶内,于 4℃冰箱中可稳定 1 个月。

4. 仪器 分光光度计。

【操作步骤】

用生理盐水对血清作 10 倍稀释,按表 3-8 操作。

表 3-8 比色法测定淀粉酶操作步骤   单位:ml

加入物	空白管	测定管
缓冲淀粉溶液(37℃预温 5min)	1.0	1.0
稀释血清(浆)	—	0.2
混匀,置 37℃水浴中保温 7.5min		
碘应用液	1.0	1.0
蒸馏水	6.2	6.0

混匀,用蒸馏水调零。于波长 660nm 处读取各管吸光度。

淀粉酶活性单位定义为:100ml 血清中的淀粉酶,在 37℃下,时间为 15 分钟,水解淀粉 5mg 为 1 个苏氏单位。

【结果计算】

$$淀粉酶活性(苏氏单位) = \frac{A_{空白管} - A_{测定管}}{A_{空白管}} \times \frac{0.4}{5} \times \frac{15}{7.5} \times \frac{100}{0.02} = \frac{A_{空白管} - A_{测定管}}{A_{空白管}} \times 800$$

式中:$A_{空白管}$为空白管吸光度;$A_{测定管}$为测定管吸光度。

【参考区间】

血清淀粉酶活性:80～180 个苏氏单位。

【注意事项】

1. 当活性低于 400 个苏氏单位时,酶与底物反应呈线性关系。如测定管吸光度低至空白管吸光度的一半时,需调整血清稀释度后重新测定,计算结果时需乘以稀释倍数。

2. 除肝素外,枸橼酸盐、草酸盐、NaF 和 EDTA-Na_2 等添加剂对淀粉酶活性具有抑制作用。

3. 唾液富含淀粉酶，在采集标本和实验操作过程时须避免其污染标本。

4. 各类淀粉产品空白管吸光度可能有明显差异，一般应高于 0.40 以上。

5. 缓冲淀粉溶液若浑浊或出现絮状物，表示其已经被污染或变质，需重新配制。碘应用液需要避光保存。

6. 本测定方法也适用于多种体液淀粉酶的测定。尿液标本需要 20 倍稀释后测定，十二指肠液或胰液需要稀释 100 倍后测定。

7. 加入碘和蒸馏水后应立即比色，否则可使结果误差偏高。

【思考题】

1. 血清淀粉酶测定方法有哪些？每种方法有何优缺点？
2. 碘 - 淀粉比色法测定淀粉酶活性的原理是什么？
3. 简述血清淀粉酶测定的临床意义。

（左云飞）

实验 24　磷酸苯二钠比色法测定血清碱性磷酸酶

碱性磷酸酶（alkaline phosphatase，ALP）是一组底物特异性较低，在碱性条件下能水解磷酸单酯化合物的酶，广泛分布于机体各器官组织，在肝、肾、胎盘、小肠、骨骼等含量较高。成人血液中的 ALP 主要来源于肝脏，小部分来源于骨骼。血清碱性磷酸酶的测定方法主要有磷酸苯二钠比色法和连续监测法。

【实验目的】

掌握：磷酸苯二钠比色法测定血清碱性磷酸酶的原理和操作步骤。

熟悉：磷酸苯二钠比色法测定血清碱性磷酸酶的注意事项。

了解：血清碱性磷酸酶测定的方法。

【实验原理】

碱性磷酸酶在碱性环境中催化水解磷酸苯二钠生成游离的酚。在碱性溶液中，酚与 4-氨基安替比林结合，经铁氰化钾氧化，生成红色醌类化合物，在一定范围内，根据红色深浅可检测碱性磷酸酶的活性。

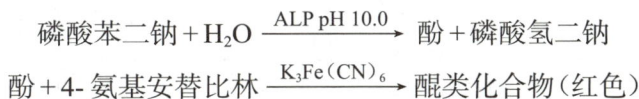

$$磷酸苯二钠 + H_2O \xrightarrow{ALP\ pH\ 10.0} 酚 + 磷酸氢二钠$$

$$酚 + 4\text{-}氨基安替比林 \xrightarrow{K_3Fe(CN)_6} 醌类化合物（红色）$$

【试剂与仪器】

1. 0.1mol/L 碳酸盐缓冲液（pH 10.0）　称取无水碳酸钠 6.36g、碳酸氢钠 3.36g 和 4- 氨基安替比林 1.5g，将其溶解于 800ml 蒸馏水中，并定容至 1 000ml，置棕色瓶中贮存。

2. 0.02mol/L 磷酸苯二钠溶液　称取磷酸苯二钠 2.18g，加入煮沸的 400ml 蒸馏水中使其溶解，待冷却后，用煮过的冷蒸馏水定容至 500ml，加三氯甲烷（氯仿）2ml，置冰箱中保存。

3. 铁氰化钾溶液　称取铁氰化钾 2.5g 和硼酸 17g，分别溶解于 400ml 蒸馏水中。将上述两种溶液混合，加蒸馏水定容至 1 000ml，于棕色瓶中避光保存。

4. 1g/L 酚标准贮存液　称取 1.0g 重蒸馏苯酚，将其溶解于 0.1mol/L 盐酸溶液中，定容至 1 000ml。

5. **0.05g/L 酚标准应用液** 取 1g/L 酚标准贮存液 5ml，加入蒸馏水稀释至 100ml。

6. **仪器** 分光光度计。

【操作步骤】

1. **绘制校正曲线** 按表 3-9 操作。

表 3-9　碱性磷酸酶校正曲线操作步骤　　　　　单位：ml

加入物	管号					
	0	**1**	**2**	**3**	**4**	**5**
0.05g/L 酚标准应用液	0	0.2	0.4	0.6	0.8	1.0
蒸馏水	1.1	0.9	0.7	0.5	0.3	0.1
碳酸盐缓冲液	1.0	1.0	1.0	1.0	1.0	1.0
铁氰化钾溶液	3.0	3.0	3.0	3.0	3.0	3.0

立即混匀，在波长 510nm 下，用 0 号管调零，读取各管吸光度。0～5 号管的酶活性分别为 0、10、20、30、40 和 50 个金氏单位。以吸光度为纵坐标，横坐标为相对应酶活性金氏单位，绘制校正曲线。

2. **碱性磷酸酶的测定** 按表 3-10 操作。

表 3-10　比色法测定血清碱性磷酸酶操作步骤　　　　　单位：ml

加入物	对照管	测定管
血清	—	0.1
碳酸盐缓冲液	1.0	1.0
37℃水浴 5min		
底物溶液（预温至 37℃）	1.0	1.0
混匀后，37℃水浴 15min		
铁氰化钾溶液	3.0	3.0
血清	0.1	—

立即充分混匀，在波长 510nm 下，用蒸馏水调零，读取各管吸光度。以测定管吸光度值减去对照管吸光度值查校正曲线，计算出酶活性单位。

ALP 活性单位定义为：在 37℃下，100ml 血清与底物反应 15 分钟，产生 1mg 的酚，为 1 个金氏单位。

【参考区间】

成人：3～13 个金氏单位；儿童：5～28 个金氏单位。

【注意事项】

1. 底物溶液中无游离酚，如有游离酚存在，则空白管显红色。表明磷酸苯二钠已经开始分解，应停止使用。

2．铁氰化钾溶液中加入硼酸的作用是使稳定显色。需避光保存此溶液，如出现蓝绿色应废弃。

3．加入铁氰化钾溶液需立即充分混匀，否则显色不完全。

4．黄疸和溶血血清需单独设置对照管，一般血清标本可共用对照管。

【思考题】

1．测定血清 ALP 的方法主要有哪些？

2．如何判断底物液中磷酸苯二钠已经分解？

3．铁氰化钾溶液中加入硼酸的作用是什么？

（左云飞）

实验 25　偶氮胂Ⅲ比色法测定血清总钙

钙（calcium，Ca）是人体内含量最丰富的矿物质，占人体体重的 1.5%～2.2%，骨骼是细胞内外钙的最大储备库。血液中的钙几乎全部存在于血浆中，故血钙通常指血清或血浆钙。血清钙的测定方法主要有比色法、染料结合法、荧光法、原子吸收分光光度法和酶法等。

【实验目的】

掌握：偶氮胂Ⅲ比色法测定血清钙的原理和操作步骤。

熟悉：偶氮胂Ⅲ比色法测定血清钙的注意事项。

了解：测定血清钙的常用方法。

【实验原理】

在中性条件下，加入 8- 羟基喹啉 -5- 磺酸掩蔽镁的干扰，钙与偶氮胂Ⅲ形成蓝色复合物，该复合物颜色的深浅与钙离子浓度成正比，于 650nm 波长处测定其吸光度，与同样处理的钙标准液比较，即可计算出待测标本中钙含量。

【试剂与仪器】

1．**试剂主要组分**　磷酸盐缓冲液 50mmol/L，8- 羟基喹啉 -5- 磺酸 5mmol/L，偶氮胂Ⅲ 120μmol/L。

2．**钙标准溶液**　2.5mmol/L。

3．**仪器**　分光光度计。

【操作步骤】

按表 3-11 操作。

表 3-11　比色法测定血清总钙操作步骤　　　　　　　　　　　　　　单位：ml

加入物	空白管	标准管	测定管
血清（血浆）	—	—	0.03
去离子水	0.03	—	—
钙标准溶液	—	0.03	—
试剂	3.0	3.0	3.0

将表中各管混匀,37℃温育5分钟,空白管调零,于650nm波长下的读取各管吸光度。

【结果计算】

$$血清钙(mmol/L) = \frac{测定管吸光度}{标准管吸光度} \times 钙标准液浓度(mmol/L)$$

【参考区间】

成人:2.11～2.52mmol/L;儿童:2.5～3.0mmol/L。

【注意事项】

1．实验所用水必须为去离子水,避免钙污染;所用试剂和器材必须清洁,没有钙污染;试剂使用后立即拧紧瓶盖,避免污染。

2．肿Ⅲ是有毒物质,一旦污染皮肤需用大量清水冲洗;试剂中含有防腐剂叠氮钠,需避免接触皮肤和黏膜,实验过程中应采取必要的预防措施。

3．高脂血症样品会引起测定结果假性升高,可以使用样品空白管校正。

4．反应形成的色素可稳定2小时。

5．试剂需避光保存于2～8℃,若无污染可稳定至失效期。

【思考题】

1．血清钙的测定方法主要有哪些?

2．测定血清钙时掩蔽镁干扰的物质是什么?

3．测定血清钙实验所用水为何必须为去离子水?

（左云飞）

第二节　脱氢酶作为指示系统实验

在临床生物化学检验中,酶偶联法常用于样品中酶活性浓度或代谢物浓度的测定,所谓酶偶联法,是指酶促反应的底物或产物如果没有可直接检测的特性,需将反应生成的某一产物偶联到另一个酶促反应中,从而达到检测目的。在酶偶联法中,一般把偶联的反应称为辅助反应,所用试剂酶称为辅助酶,把指示终点的反应称为指示反应,指示反应所用的试剂酶称为指示酶。

最常用的酶偶联指示系统有两个,即脱氢酶指示系统和过氧化物酶指示系统。作为指示酶的脱氢酶均以 NAD(P)H 或 NAD(P)$^+$ 为辅酶。还原型的 NAD(P)H 在 260nm 波长和 340nm 波长处有吸收峰,而氧化型 NAD(P)$^+$ 仅在 260nm 波长处有吸收峰而 340nm 波长处无吸收峰。因此,可通过测定 340nm 处吸光度的增加,如己糖激酶法测定血清葡萄糖,或者 340nm 处吸光度的下降,如连续监测法测定血清尿素或丙氨酸转氨酶来计算样品中待测物浓度。此外,脱氢酶催化的指示反应在临床上还常用于肌酐、乳酸、丙酮酸、天冬氨酸转氨酶和乳酸脱氢酶等指标的测定。

实验26　己糖激酶法测定血清(浆)葡萄糖

临床上的血糖一般是指血液中葡萄糖(glucose,Glu),血糖测定在评估机体糖代谢状态、判断糖代谢紊乱相关疾病以及指导临床医师制定和调整治疗方案等方面具有重要价值。血糖测定通常包括空腹血糖、餐后2小时血糖和随机血糖测定。血糖测定的方法有多种类型,主要包括无机化学法、有机化学法和酶法。其中酶法特异度和灵敏度较高,且适用于全自动生化分析仪,是目前临床测定血糖的主要方法。酶法主要包括己糖激酶(hexokinase,HK)法、葡萄糖氧化酶法和葡萄糖脱氢酶法,己糖激酶法是目前血糖测定的参考方法。

【实验目的】

掌握:己糖激酶法测定血清(浆)葡萄糖的原理、操作过程和注意事项。

熟悉:己糖激酶法测定血清(浆)葡萄糖的试剂组成。

了解:血清(浆)葡萄糖测定的其他方法。

【实验原理】

葡萄糖和三磷酸腺苷(ATP)在镁离子存在下被HK催化发生磷酸化反应,生成葡萄糖-6-磷酸(G-6-P)与二磷酸腺苷(ADP),G-6-P在葡萄糖-6-磷酸脱氢酶(G-6-PDH)的催化下脱氢生成6-磷酸葡萄糖酸(6-PGA),同时使NAD(P)$^+$还原生成NAD(P)H。反应式如下:

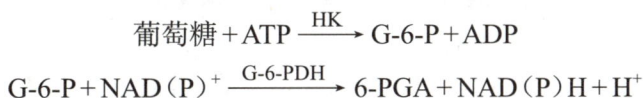

$$葡萄糖 + ATP \xrightarrow{HK} G\text{-}6\text{-}P + ADP$$

$$G\text{-}6\text{-}P + NAD(P)^+ \xrightarrow{G\text{-}6\text{-}PDH} 6\text{-}PGA + NAD(P)H + H^+$$

反应式中NAD(P)H在340nm处有特异性吸收峰,其吸光度升高的程度与样本中葡萄糖浓度成正比,可通过紫外-可见分光光度计或自动生化分析仪监测340nm处吸光度升高的程度,计算葡萄糖浓度。

【试剂与仪器】

1. 试剂

(1)试剂Ⅰ

三羟甲基氨基甲烷(Tris)缓冲液	100mmol/L
葡萄糖-6-磷酸脱氢酶	≥3 000U/L

(2)试剂Ⅱ

三磷酸腺苷(ATP)	4.5mmol/L
NAD(P)$^+$	2.7mmol/L
己糖激酶	≥1 900U/L
叠氮钠	1g/L

不同批号试剂盒各组分请勿混用。未开封的试剂贮存于2~8℃,其稳定性一般为13个月,开封后(有效期内)在全自动生化分析仪上可保持稳定30天,试剂不可冰冻。

2. 葡萄糖标准液　5.55mmol/L葡萄糖标准液。

3. 仪器　紫外-可见分光光度计或生化分析仪。

【操作步骤】

1. **标本要求** 血清、血浆，如使用血清，为了减少糖酵解引起的葡萄糖浓度降低，应尽快将血清与血细胞分离。

2. **手工操作法**

（1）单试剂法：试剂Ⅰ:试剂Ⅱ＝4:1混合成工作液。取3支试管，按表3-12操作。

表3-12　HK法测定血糖操作步骤（手工操作 - 单试剂法）　　　单位:ml

加入物	空白管	标准管	测定管
双蒸水	0.03	—	—
标准液	—	0.03	—
标本	—	—	0.03
工作液	3.0	3.0	3.0

各管充分混匀，37℃水浴10分钟，紫外 - 可见分光光度计波长340nm，比色杯光径1.0cm，蒸馏水调零，读取各管吸光度。

（2）双试剂法：取3支试管，按表3-13操作。

表3-13　HK法测定血糖操作步骤（手工操作 - 双试剂法）　　　单位:ml

加入物	空白管	标准管	测定管
双蒸水	0.03	—	—
标准液	—	0.03	—
标本	—	—	0.03
试剂Ⅰ	2.4	2.4	2.4
混匀，37℃孵育5min，测定各管吸光度 A_0			
试剂Ⅱ	0.6	0.6	0.6

混匀，37℃水浴5分钟，紫外 - 可见分光光度计波长340nm，比色杯光径1.0cm，蒸馏水调零，读取各管吸光度 A_1，$\Delta A = A_1 - A_0$。

3. **半自动分析法** 试剂Ⅰ:试剂Ⅱ＝4:1混合成工作液。取3支试管，按表3-14操作。

表3-14　HK法测定血糖操作步骤（半自动分析法）　　　单位:ml

加入物	空白管	标准管	测定管
双蒸水	0.01	—	—
标准液	—	0.01	—
标本	—	—	0.01
工作液	1.0	1.0	1.0

各管充分混匀，37℃水浴10分钟，吸入半自动生化分析仪进行测定。

测量基本参数为：反应方向，上升；分析类型，终点法；测定波长，340nm；反应温度，37℃；吸液量，500μl；标准液浓度，5.55mmol/L。

4. 全自动分析法 按各分析仪配套的用户指南及仪器和试剂盒说明书的要求进行测定。主要测定参数见表3-15。

表3-15 HK法全自动分析测定血糖主要参数

名称	参数	名称	参数
标本量	0.003ml	反应方向	上升
试剂Ⅰ	0.24ml	反应温度	37℃
试剂Ⅱ	0.06ml	分析类型	两点终点法
主波长	340nm	温育时间/反应时间	5min/5min
副波长	405nm	标准液浓度	5.55mmol/L

全自动生化分析仪测定时，一般使用双试剂法。试剂和样本量可根据不同生化分析仪要求按比例适当增减。不同实验室反应条件会因所使用的仪器和试剂而异，应按照仪器和试剂盒说明书设定的条件进行定标、质控和样本分析。

【结果计算】

1. 单试剂法

$$血清（浆）葡萄糖浓度（mmol/L）=\frac{A_U-A_B}{A_S-A_B}\times 葡萄糖标准液浓度$$

式中：A_U 是测定管的吸光度值，A_S 是标准管的吸光度值，A_B 是空白管的吸光度值。

2. 双试剂法

$$血清（浆）葡萄糖浓度（mmol/L）=\frac{\Delta A_U-\Delta A_B}{\Delta A_S-\Delta A_B}\times 葡萄糖标准液浓度$$

式中：ΔA_U 是分析样本吸光度的差值（样本 A_1－样本 A_0），ΔA_S 是葡萄糖标准液吸光度的差值（标准液 A_1－标准液 A_0），ΔA_B 是空白管吸光度的差值（空白管 A_1－空白管 A_0）。

【参考区间】

空腹血清（浆）葡萄糖浓度：成人，3.9～6.1mmol/L；儿童，3.5～5.5mmol/L；足月新生儿，1.7～3.3mmol/L；早产新生儿，1.1～3.3mmol/L。

【注意事项】

1. 己糖激酶法准确度和精密度高，特异性好，不易受其他因素干扰，是血糖测定的参考方法。

2. 轻度溶血对本法干扰较小，但严重溶血的标本，由于红细胞中释放有机磷酸酯和部分酶类，可消耗 $NAD(P)^+$，影响测定结果。在罕见的病例如丙种球蛋白病，特别是单克隆 IgM（Waldenström 巨球蛋白血症）中，可能产生不可靠结果。

3. 标本采集后如不及时将血细胞分离，血细胞进行糖酵解，导致葡萄糖浓度降低。如用血清标本，应使用带分离胶的真空采血管，如用血浆标本，最好选择氟化钠 - 草酸盐抗凝，其中氟化钠可抑制血细胞(主要是白细胞)中烯醇化酶的活性,防止糖酵解,用氟化钠-草酸盐抗凝葡萄糖水平可稳定至少72小时。

4. HK和G-6-PDH是本反应中的工具酶,NAD(P)$^+$是G-6-PDH的辅酶,必须使用高纯度产品(Mg^{2+}是HK的激活剂,EDTA是抑制剂),NAD(P)$^+$的纯度要求达到98%以上。

5. 标本中葡萄糖含量如超出线性范围,用生理盐水稀释后测定,结果乘以稀释倍数。

【思考题】

1. 简述HK法测定血清葡萄糖的基本原理和注意事项。
2. HK法测定血清葡萄糖的影响因素有哪些?
3. 血清葡萄糖测定的方法有哪些?HK法可测定哪些标本的葡萄糖?
4. 在操作过程中哪些操作程序会对测定结果有影响?

(徐志伟)

实验27 乳酸脱氢酶法测定血清丙氨酸转氨酶

丙氨酸转氨酶(alanine aminotransferase,ALT)是一种催化丙氨酸和α-酮酸之间发生氨基转移反应的酶,其辅基是磷酸吡哆醛,血清ALT是临床最常检测的酶类项目之一。

酶活性的测定方法按照对酶促反应时间的选择不同可以分为固定时间法和连续监测法。早期主要采用固定时间法,其中赖氏法最常用,但该法精密度和准确度较差,也不便自动分析。随着自动化分析技术的发展,赖氏法逐渐被淘汰,连续监测法成为主流方法。目前IFCC推荐的ALT测定方法是连续监测法。

【实验目的】

掌握:乳酸脱氢酶法测定血清丙氨酸转氨酶的原理、操作过程和注意事项。
熟悉:乳酸脱氢酶法测定血清丙氨酸转氨酶的试剂组成。
了解:血清丙氨酸转氨酶测定的其他方法。

【实验原理】

血清ALT催化氨基从L-丙氨酸转移到α-酮戊二酸,生成丙酮酸和L-谷氨酸。生成的丙酮酸在乳酸脱氢酶(LD)催化下还原生成L-乳酸,同时将NADH氧化成NAD$^+$。NADH在340nm处有较强光吸收,而NAD$^+$无吸收。连续监测340nm处吸光度的下降速率计算血清ALT的活性浓度。反应式如下:

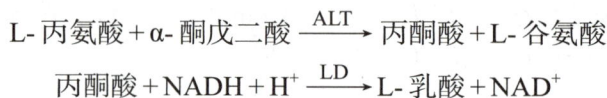

$$L\text{-丙氨酸}+α\text{-酮戊二酸} \xrightarrow{ALT} 丙酮酸+L\text{-谷氨酸}$$

$$丙酮酸+NADH+H^+ \xrightarrow{LD} L\text{-乳酸}+NAD^+$$

【试剂与仪器】

1. 试剂
(1)试剂I

三羟甲基氨基甲烷(Tris)缓冲液	100mmol/L
L-丙氨酸	500mmol/L
NADH	0.18mmol/L
LD	1 700U/L

64

（2）试剂Ⅱ：α-酮戊二酸 15mmol/L。

不同批号试剂盒各组分请勿混用。未开启的试剂盒在 2～8℃保存有效期一般为 13 个月。试剂开瓶后应避光保存，在 2～8℃可稳定 1 个月，试剂不可冷冻。

2. ALT 校准品 活性浓度由试剂生产厂商提供。

3. 仪器 生化分析仪。

【操作步骤】

1. 标本要求 新鲜血清或血浆，采集后应及时测定，避免污染。

2. 半自动分析法

（1）单试剂法：试剂Ⅰ：试剂Ⅱ＝4：1 混合成工作液。取 3 支试管，按表 3-16 操作。

表 3-16 乳酸脱氢酶法测定血清 ALT 操作步骤（单试剂法） 单位：ml

加入物	空白管	标准管	测定管
血清	—	—	0.04
校准液	—	0.04	—
蒸馏水	0.04	—	—
工作液	1.0	1.0	1.0

混匀，吸入半自动生化分析仪监测各管吸光度的变化（ΔA/t）。测量基本参数如下：反应方向，下降；分析类型，连续监测法；测定波长，340nm；反应温度，37℃；吸液量，500μl；迟滞时间，1 分钟；读数时间，3 分钟；测光点时间间隔，20 秒。

（2）双试剂法：取 3 支试管，按表 3-17 操作。

表 3-17 乳酸脱氢酶法测定血清 ALT 操作步骤（双试剂法） 单位：ml

加入物	空白管	标准管	测定管
血清	—	—	0.04
校准液	—	0.04	—
蒸馏水	0.04	—	—
试剂Ⅰ	0.8	0.8	0.8
混匀，37℃恒温 5min			
试剂Ⅱ	0.2	0.2	0.2

混匀，吸入半自动生化分析仪监测各管吸光度的变化（ΔA/t）。测量基本参数如下：反应方向，下降；分析类型，连续监测法；测定波长，340nm；反应温度，37℃；吸液量，500μl；迟滞时间，1 分钟；读数时间，3 分钟；测光点时间间隔，20 秒。

3. 全自动分析法 按各分析仪配套的用户指南及仪器和试剂盒说明书的要求进行测定。主要测定参数见表 3-18。

表3-18　乳酸脱氢酶法测定血清ALT主要参数（全自动分析法）

名称	参数	名称	参数
标本量	0.008ml	反应温度	37℃
试剂Ⅰ	0.16ml	分析类型	连续监测法
试剂Ⅱ	0.04ml	温育时间	5min
主波长	340nm	迟滞时间	1min
副波长	405nm	监测时间	3min
反应方向	下降	ALT校准品	生产厂商提供

全自动生化分析仪测定时，一般先将血清样品与试剂Ⅰ混合，温育后再加入试剂Ⅱ，迟滞期过后监测特定波长下吸光度A的变化。试剂和样本量可根据不同生化分析仪要求按比例适当增减。

不同实验室反应条件会因所使用的仪器和试剂而异，应按照仪器和试剂盒说明书设定的条件进行定标、质控和样本分析。

【结果计算】

自动生化分析仪按照设定的参数完成检测后自动计算ALT的浓度。计算方法主要有以下两种：

1. 用校准液定标计算（校准K值）

$$\text{ALT}（\text{U/L}）=\frac{\Delta A_\text{U}/t-\Delta A_\text{B}/t}{\Delta A_\text{C}/t-\Delta A_\text{B}/t}\times C_\text{C}$$

式中：$\Delta A_\text{U}/t$为测定管每分钟吸光度的变化，$\Delta A_\text{B}/t$为空白管每分钟吸光度的变化，$\Delta A_\text{C}/t$为校准管每分钟吸光度的变化，C_C为校准品浓度。其中$C_\text{C}/（\Delta A_\text{C}/t-\Delta A_\text{B}/t）$通常称为酶活性浓度计算中的校准$K$值。

2. 用摩尔吸光系数计算

（1）理论K值

$$\Delta A/t=\Delta A_\text{U}/t-\Delta A_\text{B}/t$$

$$\text{ALT}（\text{U/L}）=\frac{\Delta A/t\times V_\text{t}\times 10^6}{6\,220\times V_\text{s}}=\Delta A/t\times 4\,180$$

式中：6 220为NADH在pH 7.15，340nm波长，比色光径1cm的摩尔吸光系数（ε）；$\Delta A/t$为每分钟吸光度的变化；V_t为反应液的总体积；V_s为血清体积；10^6为mol到μmol的转换系数。

其中$（V_\text{t}\times 10^6）/（6\,220\times V_\text{s}）$通常称为酶活性浓度计算中的理论$K$值。

（2）实测K值：根据用户所用分析仪的实测ε值计算的K值即为实测K值。实测K值需要可靠的基准物质与试剂盒，仪器需要有良好的精密度。实测K值通常优于理论K值。

【参考区间】

男性：9～50U/L；女性：7～40U/L。

【注意事项】

1. IFCC 推荐方法试剂中含有磷酸吡哆醛,但目前多数常规方法试剂中不含磷酸吡哆醛。磷酸吡哆醛是转氨酶的辅基,也是转氨酶发挥催化活性的必要物质,含磷酸吡哆醛的试剂测定结果偏高。正常人血清中磷酸吡哆醛含量正常,试剂中磷酸吡哆醛增高 ALT 活性的作用不明显,但某些病理状态(肿瘤化疗、肾病)导致的血清磷酸吡哆醛含量偏低时,试剂中的磷酸吡哆醛则可显著升高血清 ALT 活性。

2. ALT 的活性浓度过去常用由 NADH 摩尔吸光系数推导出的理论 K 值计算,但实际工作中各种常规方法很难完全重复 IFCC 推荐方法的试剂组成及反应条件,为避免由此造成的测定结果差异,最好使用已知 ALT 活性浓度的校准品,校准品 ALT 的活性浓度可溯源至 IFCC 的参考方法。

3. ALT 检测中有两个副反应,一是血清中游离 α- 酮酸(如丙酮酸)能消耗 NADH;二是血清中谷氨酸脱氢酶(GLDH)增高时,在有铵离子存在时,可消耗 NADH,使 340nm 处吸光度的下降速率($-\Delta A/t$)增加,结果偏高。因此,目前 ALT 测定推荐使用"双试剂"法,即加入试剂 I 后温育一段时间,消耗内源性干扰,再加入外源底物,此时再监测 NADH 的下降速率。需要注意的是,试剂 I 中必须含有 NADH,否则不是真正的双试剂法,不能消除内源性干扰。

4. 血清分离后应尽快进行检测。若需过夜贮存,可置于 4℃冰箱,若需更长时间贮存,须存于 -70℃。血清标本不宜反复冻融,以免影响酶活性。红细胞内 ALT 含量为血清中 3~5 倍,应避免使用溶血标本。

【思考题】

1. ALT 测定中有哪两个副反应?对 ALT 测定有何影响?
2. 双试剂法为何能消除内源性干扰?
3. 本法与试剂中含磷酸吡哆醛的方法比较结果有何差异?

(徐志伟)

实验 28 脲酶法测定血清尿素

尿素是机体蛋白质代谢的终末产物,不与血浆蛋白质结合,可自由通过肾小球滤过膜。肾实质受损时肾小球滤过功能下降,血清尿素浓度升高。因此,血清尿素浓度可反映肾小球滤过功能。

尿素的测定方法可分为直接法和间接法两大类。化学比色法为直接测定法,最常用的是二乙酰一肟(diacetylmonoxime)显色法,本法利用二乙酰一肟的乙酰基直接与尿素缩合反应,生成色原二嗪(diazine),目前临床实验室已很少应用。脲酶法为间接测定法,先用脲酶将尿素分解生成氨,然后用波氏(Berthelot)反应或谷氨酸脱氢酶(glutamate dehydrogenase,GLDH)法,测定反应过程中氨的生成量再换算成尿素含量。脲酶 - 波氏比色法是利用氨在碱性介质中生成蓝色吲哚酚(indoxyl),含量与尿素含量成正比,此法一般用于手工操作,适合基层医院。脲酶 - 谷氨酸脱氢酶偶联法特异性强,灵敏度高,适合自动化分析,目前在临床上广泛应用。

【实验目的】

掌握：脲酶法测定血清尿素的原理、操作过程和注意事项。

熟悉：脲酶法测定血清尿素的试剂组成。

了解：血清尿素测定的其他方法。

【实验原理】

尿素经脲酶催化水解生成氨和二氧化碳。在谷氨酸脱氢酶（glutamate dehydrogenase，GLDH）催化下，氨与 α- 酮戊二酸及 NADH 反应生成谷氨酸与 NAD^+。NADH 在 340nm 处有吸收峰，而 NAD^+ 无吸收峰，通过连续监测 340nm 处吸光度下降的速率计算出样品中尿素的含量。反应式如下：

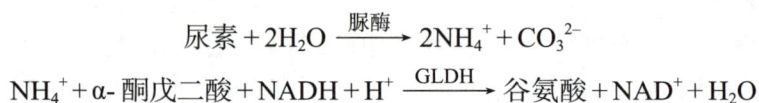

$$尿素 + 2H_2O \xrightarrow{\text{脲酶}} 2NH_4^+ + CO_3^{2-}$$

$$NH_4^+ + \alpha\text{- 酮戊二酸} + NADH + H^+ \xrightarrow{\text{GLDH}} 谷氨酸 + NAD^+ + H_2O$$

【试剂与仪器】

1. 试剂

（1）试剂Ⅰ

三羟甲基氨基甲烷（Tris）缓冲液	100mmol/L
脲酶	8 000U/L
谷氨酸脱氢酶（GLDH）	500U/L
ADP	1.5mmol/L

（2）试剂Ⅱ

NADH	0.3mmol/L
α- 酮戊二酸	13mmol/L

目前较多采用双试剂法，有利于试剂稳定。不同批号试剂盒各组分请勿混用。未开封的试剂贮存于 2~8℃，其稳定性一般为 13 个月，开封后（有效期内）在全自动生化分析仪上可保持稳定 30 天。

2. 尿素标准液 浓度由试剂生产厂商提供。

3. 仪器 生化分析仪。

【操作步骤】

1. 标本要求 新鲜血清、血浆，采集后及时测定，应避免污染。

2. 半自动分析法 试剂Ⅰ：试剂Ⅱ＝4：1混合成工作液。取 3 支试管，按表 3-19 操作。

表 3-19　脲酶法测定血清尿素（半自动分析法）操作步骤　　　　单位：ml

加入物	空白管	标准管	测定管
血清	—	—	0.02
尿素标准应用液	—	0.02	—
无氨去离子水	0.02	—	—
工作液	1.0	1.0	1.0

混匀，吸入半自动生化分析仪监测各管吸光度的变化（$\Delta A/t$）。测量基本参数如下：反应方向，下降；分析类型，连续监测法；测定波长，340nm；反应温度，37℃；吸液量，500μl；迟滞时间，1分钟；读数时间，2分钟；测光点时间间隔，20秒。

3. 全自动分析法 按各分析仪配套的用户指南及仪器和试剂盒说明书的要求进行测定。主要测定参数见表3-20。

表3-20 脲酶法测定血清尿素主要参数（全自动分析法）

名称	参数	名称	参数
标本量	0.006ml	反应温度	37℃
试剂Ⅰ	0.24ml	分析类型	连续监测法
试剂Ⅱ	0.06ml	温育时间	5min
主波长	340nm	迟滞时间	1min
副波长	405nm	监测时间	2min
反应方向	下降	标准液浓度	生产厂商提供

全自动生化分析仪测定时，一般先将血清样品与试剂Ⅰ混合，温育后再加入试剂Ⅱ，迟滞期过后监测特定波长下吸光度的变化（$\Delta A/t$）。试剂和样本量可根据不同生化分析仪要求按比例适当增减。

不同实验室反应条件会因所使用的仪器和试剂而异，应按照仪器和试剂盒说明书设定的条件进行定标、质控和样本分析。

【结果计算】

$$尿素（mmol/L）= \frac{测定管\ \Delta A/t - 空白管\ \Delta A/t}{标准管\ \Delta A/t - 空白管\ \Delta A/t} \times 尿素标准液浓度$$

【参考区间】

成人血清尿素浓度：

男性：20～59岁，3.1～8.0mmol/L；60～79岁，3.6～9.5mmol/L。

女性：20～59岁，2.6～7.5mmol/L；60～79岁，3.1～8.8mmol/L。

【注意事项】

1. 在测定过程中，各种器材和去离子水均应避免铵离子污染，否则测定结果偏高。在340nm波长以去离子水调零，试剂空白吸光度应大于1.0，试剂浑浊或吸光度小于1.0不宜使用。

2. 检测标本推荐使用血清，高浓度氟化物可抑制脲酶活性使测定结果偏低，样品溶血或浑浊可影响测定结果。

3. 血氨升高可使尿素测定结果偏高。内源性或者外源性氨产生的干扰均可采用双试剂法来消除。能消除干扰的双试剂组分为：试剂Ⅰ含 α- 酮戊二酸、NADH、谷氨酸脱氢酶，试剂Ⅱ含脲酶、NADH、α- 酮戊二酸。标本先与试剂Ⅰ在37℃作用5分钟，将内源、外源性氨消耗，再加入试剂Ⅱ进行第二步反应。

4. 尿素是机体蛋白质代谢的终末产物，受蛋白质摄入量的影响，测定前应根据要求严格控制饮食。

5. 对于浓度超过分析范围上限的样本，可用生理盐水稀释后重新测定，要选用合适的稀释倍数，稀释后的测定值应在试剂盒分析范围之内。

6. 血清尿素浓度可能会随着年龄、性别、样本类型、饮食习惯和地理位置而有所差异，用于诊断时，应考虑这些因素的影响并结合患者病史和临床症状等综合评估结果。

【思考题】

1. 哪些因素可引起血清尿素浓度增高？
2. 为什么含有氟化钠的血浆会使尿素测定结果偏低？
3. 血清尿素测定需要注意哪些问题？
4. 为什么溶血标本对测定结果有干扰？

（徐志伟）

第三节 过氧化物酶作为指示系统实验

过氧化物酶指示系统是指代谢物在酶的催化下生成 H_2O_2，与 4- 氨基安替比林（4-AAP）和酚一起在过氧化物酶（peroxidase，POD）的作用下生成红色的醌类化合物，终产物在 505nm 附近有最大的吸收峰。该反应最早由 Trinder 等人提出，因此命名为 Trinder 反应。在临床生物化学检验中，多个生化指标的检测常用偶联该反应的方法进行检测，如葡萄糖、甘油三酯、胆固醇、高密度脂蛋白胆固醇、总胆红素/结合胆红素、尿酸、肌酐等。

实验 29　葡萄糖氧化酶法测定血清（浆）葡萄糖

葡萄糖是人体内重要的能量来源。正常成人空腹血糖维持在 3.9～6.1mmol/L，低于该范围会造成低血糖，高于该范围则为高血糖，甚至糖尿病。测定血糖的方法有多种，如 Folin-Wu 法、邻甲苯胺法及酶法，其中酶法是临床生物化学检验上常用的方法，包括己糖激酶法、葡萄糖氧化酶法、葡萄糖脱氢酶法。

【实验目的】

掌握：葡萄糖氧化酶法测定血清（浆）葡萄糖的基本原理和操作过程。

熟悉：手工和全自动生化分析仪测定葡萄糖的注意事项。

了解：临床生物化学检测血清（浆）葡萄糖的其他方法。

【实验原理】

葡萄糖氧化酶（glucose oxidase methods，GOD）能催化葡萄糖与 H_2O、O_2 生成葡萄糖酸和 H_2O_2，H_2O_2 在 4- 氨基安替比林和酚存在时，经过 POD 催化，反应生成红色醌类化合物。红色醌类化合物的生成量与葡萄糖含量成正比。反应式如下：

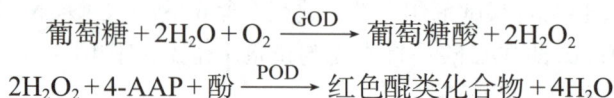

$$葡萄糖 + 2H_2O + O_2 \xrightarrow{GOD} 葡萄糖酸 + 2H_2O_2$$

$$2H_2O_2 + 4\text{-}AAP + 酚 \xrightarrow{POD} 红色醌类化合物 + 4H_2O$$

【试剂与仪器】

1. **0.1mol/L 磷酸盐缓冲液（pH 7.0）** 称取无水 KH_2PO_4 5.3g 及无水 Na_2HPO_4 8.67g 溶于蒸馏水 800ml 中，用少量 1mol/L NaOH 或 1mol/L HCl 调 pH 至 7.0，再加蒸馏水定容至 1L。

2. **酶试剂** 称取葡萄糖氧化酶 1 200U、过氧化物酶 1 200U、4-氨基安替比林 10mg 及叠氮钠 100mg，溶于上述磷酸盐缓冲液 80ml 中，用 1mol/L NaOH 调 pH 至 7.0，最后用上述磷酸盐缓冲液定容至 100ml，置 4℃保存可稳定存放 3 个月。

3. **酚溶液** 称取重蒸馏酚 100mg 溶于蒸馏水 100ml 中，置棕色瓶中保存备用。

4. **酶酚混合试剂** 酶试剂与酚溶液按照（V/V）1：1 混合，置 4℃可存放 1 个月。

5. **12mol/L 苯甲酸溶液** 称取苯甲酸 1.4g 溶于 800ml 蒸馏水中，可加热助溶，冷却至室温后，加蒸馏水定容至 1L，备用。

6. **100mmol/L 葡萄糖标准贮存液** 准确称取于 80℃恒热干燥的无水葡萄糖 1.802g，溶于 12mol/L 苯甲酸溶液 70ml 中，再加入 12mol/L 苯甲酸溶液准确定容至 100ml，放置至少 2 小时后方可使用。

7. **5mmol/L 葡萄糖标准应用液** 准确量取 5ml 葡萄糖标准贮存液 5ml 于 100ml 容量瓶中，用 12mol/L 苯甲酸溶液准确定容，混匀后备用。

8. 葡萄糖氧化酶法测定血清（浆）葡萄糖试剂盒。

9. **仪器** 自动生化分析仪、分光光度计。

【操作步骤】

1. **自动分析法** 按仪器使用和试剂盒说明书的要求进行测定。

2. **手工操作法** 终点法检测血清（浆）葡萄糖，按表 3-21 依次加样，血清和酶酚混合试剂的比例是 1：150。

表 3-21 葡萄糖氧化酶法测定血清（浆）葡萄糖操作步骤　　　　　　单位：ml

加入物	空白管（B）	标准管（S）	测定管（U）
血清（浆）	—	—	0.02
葡萄糖标准应用液	—	0.02	—
蒸馏水	0.02	—	—
酶酚混合试剂	3.0	3.0	3.0

充分混匀后，37℃温育 10 分钟，置于分光光度计中，以空白管调零，于波长 505nm 处读出各管的吸光度（值）。

【结果计算】

$$葡萄糖浓度（mmol/L）=\frac{A_U}{A_S}\times C_S$$

式中：A_U 为测定管吸光度值；A_S 为标准管吸光度值；C_S 为标准葡萄糖浓度。

【参考区间】

空腹血清（浆）葡萄糖浓度：成人，3.9～6.1mmol/L；儿童，3.5～5.5mmol/L；足月新生儿，1.7～3.3mmol/L；早产新生儿，1.1～3.3mmol/L。

【注意事项】

1. 实验室常用标本为血浆或血清，即时检验（point-of-care testing，POCT）采用全血作为标本。由于血浆含水量（93%）比全血含水量高 11% 左右，对正常血细胞比容的患者而言，空腹全血葡萄糖浓度比空腹血浆葡萄糖浓度低 10%～12%。因此，毛细血管的血糖浓度会比静脉血糖浓度高。

2. 葡萄糖氧化酶法操作简便、准确性高，使用血清（浆）等标本量较少，但需注意如标本为血浆时，抗凝剂最好选用草酸钾 - 氟化钠，可使血液 3～4 天不发生凝固并能抑制葡萄糖分解。

3. 国家卫生健康委临床检验中心推荐葡萄糖氧化酶法使用的色原性氧受体为 4- 氨基安替比林偶联酚，显色灵敏、稳定。

4. 维生素 C、谷胱甘肽等还原性物质可与色原性物质竞争 H_2O_2，导致测定结果偏低。若食用富含维生素 C 的食物或药物，一般不推荐使用该方法，常选用己糖激酶法测定血糖。严重黄疸、溶血及乳糜样血清应先制备无蛋白滤液后再进行测定。

5. 该方法可直接测定脑脊液葡萄糖浓度，但不能直接测定尿液葡萄糖含量。因尿液中含有尿酸等高浓度干扰物，干扰过氧化物酶催化的反应，导致结果偏低。

6. **方法学评价** 该方法线性范围至少可达 19mmol/L，回收率 94%～105%，变异系数批内为 0.7%～2.0%，批间为 2% 左右，日间为 2%～3%。准确度与精密度均能达临床要求，适用于常规检验。

【思考题】

1. 用于检测葡萄糖浓度的血液标本采集和贮存方法是什么？
2. 葡萄糖氧化酶法测定血清（浆）葡萄糖的原理是什么？
3. 新配制的葡萄糖标准液为什么需要放置至少 2 小时后方可使用？
4. 哪些因素会影响本实验结果？为什么？

（马晓磊）

实验 30 磷酸甘油氧化酶法测定血清（浆）甘油三酯

临床上测定的甘油三酯（triglyceride，TG）是血浆各脂蛋白中所含的甘油三酯的总和。TG 通常与 TC、LDL-C、HDL-C 共同诊断冠心病、动脉粥样硬化等疾病，TG 水平还与胰岛素抵抗有关，是糖尿病的独立危险因子。临床测定 TG 常用磷酸甘油氧化酶法（GPO-PAP 法）。

【实验目的】

掌握：磷酸甘油氧化酶法测定血清（浆）甘油三酯的基本原理和操作过程。

熟悉：手工和自动生化分析测定甘油三酯的注意事项。

了解：磷酸甘油氧化酶法测定血清（浆）甘油三酯的内空白法和外空白法。

【实验原理】

血清（浆）中 TG 在脂蛋白脂肪酶（lipoprotein lipase，LPL）催化下水解为甘油（glycerol）和游离脂肪酸（free fatty acid，FFA），其中甘油和三磷酸腺苷（ATP）在甘油激酶（glycerokinase，GK）的作用下生成 3- 磷酸甘油，后经磷酸甘油氧化酶（glycerophosphate，GPO）催化生成磷

酸二羟丙酮和 H_2O_2，H_2O_2 在 4- 氨基安替比林（4-AAP）和 4- 氯酚（三者合称 PAP）存在时，经过 POD 催化，反应生成最大吸收波长在 470～550nm 的红色醌类化合物，其吸光度值与标本中 TG 含量成正比。反应式如下：

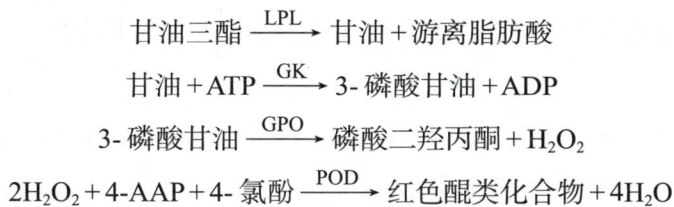

$$甘油三酯 \xrightarrow{LPL} 甘油 + 游离脂肪酸$$

$$甘油 + ATP \xrightarrow{GK} 3\text{-}磷酸甘油 + ADP$$

$$3\text{-}磷酸甘油 \xrightarrow{GPO} 磷酸二羟丙酮 + H_2O_2$$

$$2H_2O_2 + 4\text{-}AAP + 4\text{-}氯酚 \xrightarrow{POD} 红色醌类化合物 + 4H_2O$$

【试剂与仪器】

1. 甘油三酯测定酶试剂组成

脂蛋白脂肪酶	≥5 000U/L
甘油激酶	≥250U/L
磷酸甘油氧化酶	≥3 000U/L
过氧化物酶	≥100U/L
ATP	≥2mmol/L
镁离子	40mmol/L
4-AAP	≥1mmol/L
酚	4.7mmol/L
胆酸钠	3.5mmol/L
高铁氯化钾	1μmol/L
脂肪醇聚乙二醇醚（fatty alcohol polyglycol ether）	0.65%
哌嗪 -1,4- 二乙基磺酸（PIPES）缓冲液（pH 6.8）	75mmol/L

2. 甘油三酯标准溶液　采用定值的甘油三酯标准溶液作为标准。

3. 仪器　自动生化分析仪、分光光度计。

【操作步骤】

1. 自动分析法　按仪器使用和试剂盒说明书的要求进行测定。

2. 手工操作法　终点法检测 TG，取三支试管，按表 3-22 依次加样，血清和酶试剂的比例是 1：100。

表 3-22　磷酸甘油氧化酶法测定血清（浆）甘油三酯操作步骤　　单位：ml

加入物	空白管（B）	标准管（S）	测定管（U）
血清（浆）	—	—	0.03
甘油三酯标准溶液	—	0.03	—
蒸馏水	0.03	—	—
酶试剂	3.0	3.0	3.0

充分混匀后，37℃温育 10 分钟，置于分光光度计中，以空白管调零，于波长 505nm 处读出各管的吸光度（值）。

【结果计算】

$$甘油三酯浓度（mmol/L）= \frac{A_U}{A_S} \times C_S$$

式中：A_U 为测定管吸光度值；A_S 为标准管吸光度值；C_S 为标准甘油三酯浓度。

【参考区间】

合适范围：<1.70mmol/L；边缘性升高：1.70～<2.30mmol/L；升高：≥2.30mmol/L（依据《中国血脂管理指南（2023 年）》）。

【注意事项】

1. 实验所用酶试剂需在 4℃避光保存，可稳定 1 周左右，如出现红色则不能使用，试剂空白的吸光度值应≤0.05。

2. 血清 TG 的浓度易受遗传因素和饮食影响。受检者要求取血前 2 周内保持平时饮食，24 小时内不饮酒，不剧烈活动，无急病、外伤、手术等异常情况。

3. 该方法的受检标本未进行 TG 抽提，而反应的中间产物主要是甘油，血清中游离的甘油会对 TG 的测定结果有一定的影响。因此，实验室常采用外游离甘油空白法和内游离甘油空白法消除游离甘油对测定结果的影响。

4. 该方法的线性上限为 11.3mmol/L，若受检标本中 TG 浓度超过该值，需用生理盐水稀释后再进行测定。

【思考题】

1. 检测 TG 的血清（浆）标本采集和贮存方法是什么？
2. 磷酸甘油氧化酶法测定血清（浆）TG 的原理是什么？
3. 哪些因素会影响血清（浆）中 TG 检测结果？为什么？

（马晓磊）

实验 31　胆固醇氧化酶法测定血清（浆）总胆固醇

血清（浆）中总胆固醇（total cholesterol，TC）包括游离胆固醇（free cholesterol，FC）和胆固醇酯（cholesteryl ester，CE）两部分。该指标易受到饮食影响，临床常见 TC 增高，冠心病等心血管疾病的发生危险性增加。另外，脂蛋白代谢相关的酶基因或受体基因发生突变也会造成 TC 增高。酶法为临床常规方法，常用胆固醇氧化酶法（COD-PAP）。

【实验目的】

掌握：胆固醇氧化酶法测定血清（浆）总胆固醇的基本原理和操作过程。
熟悉：手工和自动生化分析测定总胆固醇的注意事项。
了解：总胆固醇测定的注意事项。

【实验原理】

血清（浆）中 CE 首先被胆固醇酯酶（cholesterol esterase，CEH）水解为 FC 和 FFA。FC 在胆固醇氧化酶（cholesterol oxidase，COD）的作用下生成 Δ4- 胆甾烯酮和 H_2O_2，H_2O_2 在 4- 氨基安替比林（4-AAP）和酚存在时，经过 POD 催化，反应生成最大吸收波长在 470～550nm 的红色醌类化合物，其吸光度值与标本中 TC 含量成正比。反应式如下：

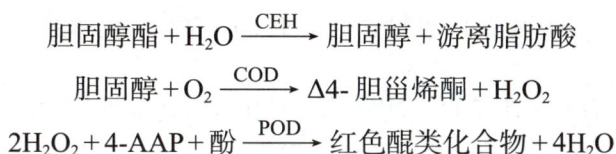

$$\text{胆固醇酯} + H_2O \xrightarrow{\text{CEH}} \text{胆固醇} + \text{游离脂肪酸}$$

$$\text{胆固醇} + O_2 \xrightarrow{\text{COD}} \Delta4\text{-胆甾烯酮} + H_2O_2$$

$$2H_2O_2 + 4\text{-AAP} + \text{酚} \xrightarrow{\text{POD}} \text{红色醌类化合物} + 4H_2O$$

【试剂与仪器】

1. 胆固醇测定酶试剂组成

Good 缓冲液（pH 6.7）	50mmol/L
胆固醇酯酶	≥200U/L
胆固醇氧化酶	≥100U/L
过氧化物酶	≥3 000U/L
4-AAP	0.3mmol/L
苯酚	5mmol/L

2. 5.17mmol/L 胆固醇标准溶液　准确称取 200mg 胆固醇，溶于无水乙醇或者异丙醇中，100ml 容量瓶定容。4℃贮存备用。

3. 仪器　自动生化分析仪、分光光度计。

【操作步骤】

1. 自动分析法　按仪器使用和试剂盒说明书的要求进行测定。

2. 手工操作法　终点法检测 TC，取三支试管，按表 3-23 依次加样，血清和酶试剂的比例是 1：100。

表 3-23　胆固醇氧化酶法测定血清（浆）总胆固醇操作步骤　　　　单位：ml

加入物	空白管（B）	标准管（S）	测定管（U）
血清（浆）	—	—	0.03
胆固醇标准溶液	—	0.03	—
蒸馏水	0.03	—	—
酶试剂	3.0	3.0	3.0

充分混匀后，37℃温育 5 分钟，置于分光光度计中，以空白管调零，于波长 505nm 处读出各管的吸光度（值）。

【结果计算】

$$\text{胆固醇浓度（mmol/L）} = \frac{A_U}{A_S} \times C_S$$

式中：A_U 为测定管吸光度值；A_S 为标准管吸光度值；C_S 为标准胆固醇浓度。

【参考区间】

合适范围：<5.20mmol/L；边缘性升高：5.20～<6.20mmol/L；升高：≥6.20mmol/L。

【注意事项】

1. 检测标本为血浆时，需以肝素、EDTA-Na_2 或 EDTA-K_2 抗凝。

2. 检测标本如发生明显溶血,可设置一个不加胆固醇氧化酶的空白对照管,扣除其吸光度值即可。

3. 若检测标本中含有维生素 C、谷胱甘肽、氟化物等还原性物质,会造成结果偏低。

4. 检测标本密闭保存于 4℃可稳定 1 周,-20℃可稳定半年以上,标本不宜反复冻融。

5. 本实验方法的线性上限为 12.93mmol/L,特异度和灵敏度高,适合手工操作或者自动分析。

【思考题】

1. 脂类和脂蛋白检测的血液标本采集和贮存方法是什么?

2. 胆固醇氧化酶法测定血清(浆)总胆固醇的原理是什么?

3. 哪些因素会影响实验结果?如何消除影响?

(马晓磊)

实验 32　均相酶比色法测定血清高密度脂蛋白胆固醇

高密度脂蛋白胆固醇(HDL-C)是动脉粥样硬化和心血管疾病的保护因子,其测定没有决定性方法,沉淀法是操作较为简便的测定方法,但标本需要预处理。均相酶法测定 HDL-C 免去了标本的预处理,被推荐为临床实验室常规使用方法。

【实验目的】

掌握:均相酶比色法测定血清高密度脂蛋白胆固醇的基本原理及操作步骤。

熟悉:均相酶比色法测定血清高密度脂蛋白胆固醇的注意事项。

了解:测定血清高密度脂蛋白胆固醇方法的进展。

【实验原理】

在 α- 环状葡聚糖硫酸盐和 Mg^{2+} 存在时,血清中除高密度脂蛋白外的其他脂蛋白均可形成可溶性聚合物,再加入由聚乙二醇(polyethylene glycol,PEG)修饰的胆固醇酯酶和胆固醇氧化酶,选择性地作用于高密度脂蛋白胆固醇酯和高密度脂蛋白胆固醇,可生成 H_2O_2,后续偶联 Trinder 反应产生有色的醌亚胺类化合物,其吸光度值与标本中高密度脂蛋白胆固醇的含量成正比。

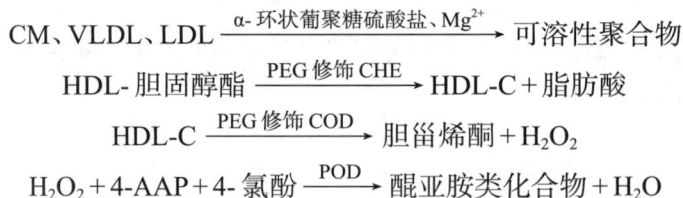

$$CM、VLDL、LDL \xrightarrow{\text{α- 环状葡聚糖硫酸盐、}Mg^{2+}} 可溶性聚合物$$

$$HDL-胆固醇酯 \xrightarrow{\text{PEG 修饰 CHE}} HDL-C+脂肪酸$$

$$HDL-C \xrightarrow{\text{PEG 修饰 COD}} 胆甾烯酮+H_2O_2$$

$$H_2O_2+4-AAP+4-氯酚 \xrightarrow{\text{POD}} 醌亚胺类化合物+H_2O$$

【试剂与仪器】

1. 试剂组成

(1)试剂 I

3-(N- 吗啉基)- 丙磺酸缓冲液(pH 7.0)	30mmol/L
α- 环状葡聚糖硫酸盐	0.5mmol/L
$MgCl_2$	2mmol/L
N- 乙基 -N-(3- 甲基苯基)-N- 琥珀酰乙二胺	0.3g/L

（2）试剂Ⅱ

3-（N-吗啉基）-丙磺酸缓冲液（pH 7.0）	30mmol/L
PEG 修饰胆固醇酯酶	1 000U/L
PEG 修饰胆固醇氧化酶	5 000U/L
过氧化物酶	3 000U/L
4-AAP	0.5mmol/L
4-氯酚	3.5mmol/L

2. 胆固醇标准液

3. 仪器 分光光度计或生化分析仪。

【操作步骤】

1. 生化分析仪操作 按仪器和试剂盒说明书的要求进行测定。

2. 手工操作法 按表 3-24 依次加样操作。

表 3-24 均相酶比色法测定血清 HDL-C 操作步骤 单位：ml

加入物	空白管（B）	标准管（S）	测定管（U）
血清	—	—	0.03
标准液	—	0.03	—
蒸馏水	0.03	—	—
试剂Ⅰ	2.4	2.4	2.4
混匀后，37℃温育 5min，以空白调零，600nm 波长测定吸光度 A_1			
试剂Ⅱ	0.8	0.8	0.8
混匀后，37℃温育 5min，以空白调零，600nm 波长测定吸光度 A_2			

【结果计算】

$$HDL\text{-}C（mmol/L）=\frac{A_{U2}-A_{U1}}{A_{S2}-A_{S1}}\times 标准液浓度$$

式中：A_{U1}、A_{U2} 为测定管两次测定的吸光度值，A_{S1}、A_{S2} 为标准管两次测定的吸光度值。

【参考区间】

1.03～2.07mmol/L；合适水平：>1.55mmol/L；减低：<1.0mmol/L。

【注意事项】

1. 血清标本若不能及时检测，可在 2～8℃保存数日。

2. 试剂浑浊或空白吸光度升高，表明试剂可能失效，应更换。

【思考题】

1. 临床实验室测定 HDL-C 的方法分为哪些？其原理是什么？

2. 若使用均相酶法检测 LDL-C，与测定 HDL-C 的主要区别是什么？

（毕 莹）

实验 33　尿酸氧化酶法测定血清尿酸

尿酸是嘌呤代谢的终产物,其含量测定可以反映肾小球滤过功能和肾小管重吸收功能。血清尿酸测定方法包括磷钨酸法、尿酸氧化酶法及高效液相色谱法等。磷钨酸法操作繁杂、影响因素较多;尿酸氧化酶法灵敏度高,不需要去蛋白处理,是目前常用的检测方法。

【实验目的】

掌握:尿酸氧化酶法测定血清尿酸的基本原理及操作步骤。

熟悉:尿酸氧化酶法测定血清尿酸的注意事项。

了解:血清尿酸测定方法的进展。

【实验原理】

尿酸氧化酶氧化尿酸生成尿囊素和过氧化氢,在过氧化物酶(POD)的催化下,过氧化氢与 4- 氨基安替比林(4-AAP)、N- 乙基 -(2- 羟基 -3- 磺丙基)-3- 甲基苯胺(TOOS)生成醌亚胺类化合物,在 546nm 波长处,该化合物颜色深浅与样本中尿酸的含量成正比。其反应式如下:

$$UA + O_2 + H_2O \xrightarrow{\text{尿酸氧化酶}} \text{尿囊素} + CO_2 + H_2O_2$$

$$H_2O_2 + 4\text{-}AAP + TOOS \xrightarrow{POD} \text{醌亚胺类化合物} + H_2O$$

【试剂与仪器】

1. 试剂组成

(1)试剂 I

Good 缓冲液(pH 8.1)	0.10mmol/L
N- 乙基 -(2- 羟基 -3- 磺丙基)-3- 甲基苯胺	1.20mmol/L

(2)试剂 II

尿酸氧化酶	≥500U/L
过氧化物酶	≥5 000U/L
4-AAP	1.10mmol/L

2. 尿酸标准液

3. 仪器　分光光度计或生化分析仪。

【操作步骤】

1. 生化分析仪操作　按仪器和试剂盒说明书的要求进行测定。

2. 手工操作法　按表 3-25 依次加样操作。

表 3-25　尿酸氧化酶法测定血清尿酸操作步骤　　　　　　　　单位:ml

加入物	空白管(B)	标准管(S)	测定管(U)
血清	—	—	0.09
标准液	—	0.09	—
蒸馏水	0.09	—	—
试剂 I	3.6	3.6	3.6

续表

加入物	空白管（B）	标准管（S）	测定管（U）
混匀后，37℃温育 5min，以空白管调零，546nm 波长测定吸光度 A_1			
试剂Ⅱ	0.9	0.9	0.9
混匀后，37℃温育 2min，以空白管调零，546nm 波长测定吸光度 A_2			

【结果计算】

$$血清尿酸浓度（μmol/L）=\frac{A_{U2}-A_{U1}}{A_{S2}-A_{S1}}×标准液浓度$$

式中：A_{U1}、A_{U2} 为测定管两次测定的吸光度值，A_{S1}、A_{S2} 为标准管两次测定的吸光度值。

【参考区间】

成人：女性，150～350μmol/L；男性，210～420μmol/L。

【注意事项】

1. 不同的检测仪器或校准品，检测结果可能存在差异。
2. 血清标本无溶血，4℃可稳定保存 7 天。
3. 维生素 C 和脂血可干扰检测结果。

【思考题】

1. 试述高尿酸血症的定义及诊断标准。
2. 尿酸氧化酶法测定血清尿酸除可偶联 Trinder 反应外，还可采用何种方法进行检测？

（毕 莹）

实验 34 肌氨酸氧化酶法测定血清肌酐

肌酐是肌酸代谢的终产物，其含量测定可以反映肾小球的滤过功能。临床常用的测定方法有化学法和酶法等。化学法主要是碱性苦味酸法，操作简单，主要缺点是特异性不高。酶法检测特异性高，但检测成本高于化学法。

【实验目的】

掌握：肌氨酸氧化酶测定血清肌酐的基本原理及操作步骤。
熟悉：肌氨酸氧化酶测定血清肌酐的注意事项。
了解：血清肌酐测定方法的进展。

【实验原理】

血清中的肌酐在肌酐酶的催化下生成肌酸，肌酸可由肌酸酶催化水解生成肌氨酸和尿素，在肌氨酸氧化酶的作用下肌氨酸氧化生成甘氨酸、甲醛和过氧化氢。过氧化氢、4- 氨基安替比林（4-AAP）及 N- 乙基 -(2- 羟基 -3- 磺丙基)-3- 甲基苯胺（TOOS）经过氧化物酶催化生成醌亚胺类化合物，在 546nm 波长处，该化合物颜色深浅与样本中肌酐的含量成正比。其反应式如下：

79

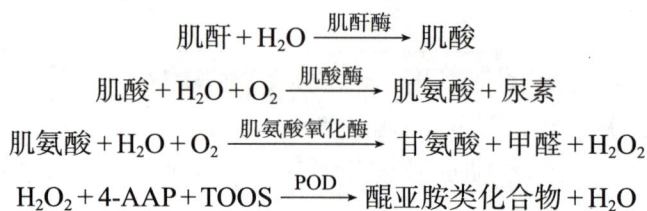

$$肌酐 + H_2O \xrightarrow{肌酐酶} 肌酸$$

$$肌酸 + H_2O + O_2 \xrightarrow{肌酸酶} 肌氨酸 + 尿素$$

$$肌氨酸 + H_2O + O_2 \xrightarrow{肌氨酸氧化酶} 甘氨酸 + 甲醛 + H_2O_2$$

$$H_2O_2 + 4\text{-}AAP + TOOS \xrightarrow{POD} 醌亚胺类化合物 + H_2O$$

【试剂与仪器】

1. 试剂组成

（1）试剂 I

N- 三羟甲基代甲基 -3- 氨基丙氨酸缓冲液（pH 8.1）	300mmol/L
肌酸酶	≥18 000U/L
肌氨酸氧化酶	≥80 000U/L
TOOS	1.4mmol/L

（2）试剂 II

N- 三羟甲基代甲基 -3- 氨基丙氨酸缓冲液（pH 8.1）	50mmol/L
肌酐酶	≥310 000U/L
过氧化物酶（POD）	≥30 000U/L
4-AAP	2mmol/L

2. 肌酐标准溶液。

3. 仪器　分光光度计或生化分析仪。

【操作步骤】

1. 生化分析仪操作　按仪器和试剂盒说明书的要求进行测定。

2. 手工操作法　按表3-26依次加样。

表3-26　肌氨酸氧化酶法测定血清肌酐操作步骤　　　　　　　　　单位：ml

加入物	空白管（B）	标准管（S）	测定管（U）
血清	—	—	0.24
标准液	—	0.24	—
蒸馏水	0.24	—	—
试剂 I	5.4	5.4	5.4
混匀后，37℃温育 5min，以空白调零，546nm 波长测定吸光度 A_1			
试剂 II	1.8	1.8	1.8
混匀后，37℃温育 5min，以空白调零，546nm 波长测定吸光度 A_2			

【结果计算】

$$肌酐浓度（\mu mol/L） = \frac{A_{U2} - A_{U1}}{A_{S2} - A_{S1}} \times 标准液浓度$$

式中：A_{U1}、A_{U2} 为测定管两次测定的吸光度值，A_{S1}、A_{S2} 为标准管两次测定的吸光度值。

【参考区间】

男性：20～59岁，57～97μmol/L；60～79岁，57～111μmol/L。
女性：20～59岁，41～73μmol/L；60～79岁，41～81μmol/L。

【注意事项】

1. 标本选择无溶血血清，4℃可稳定保存7天。
2. 维生素C可干扰检测结果。
3. 试剂出现浑浊或空白吸光度升高，试剂可能失效，应更换。

【思考题】

1. 肌酐还可用哪些方法进行检测？
2. 肌氨酸氧化酶法测定肌酐有哪些影响因素？

（毕 莹）

第四节　色素原作为底物实验

色素原本身无光谱特征，在经过化学反应后，其结构中个别基团发生改变，比如基团的减少、增加或构象改变等，使无颜色的底物转变为有颜色的产物而出现光谱特征。利用该特性检测物质浓度的方法称为色素原底物法。

实验35　连续监测法测定血清碱性磷酸酶

血清中碱性磷酸酶（alkaline phosphatase，ALP）几乎存在于机体的各个组织中，以骨骼、肝脏、肾脏、小肠和胎盘含量较多。正常成人血清ALP活性增高多与骨骼或肝脏疾病有关。儿童、孕妇由于骨骼和胎盘生长活跃可出现生理性血清ALP升高。

【实验目的】

掌握：连续监测法测定血清碱性磷酸酶的基本原理和操作步骤。
熟悉：连续监测法测定血清碱性磷酸酶的注意事项。
了解：测定血清碱性磷酸酶的其他方法和新进展。

【实验原理】

ALP在碱性条件下可将磷酸-4-硝基苯酚中的磷酸基转移到2-氨基-2-甲基-1-丙醇（2-amino-2-methyl-1-propanol，AMP）分子上，同时释放4-硝基苯酚（黄色），在405nm处测定吸光度的变化即4-硝基苯酚生成的速率，吸光度的变化速率$\Delta A/t$与ALP的活性成正比，即可计算出ALP的活性。

$$磷酸-4-硝基苯酚 + AMP \xrightarrow{ALP} AMP-磷酸 + 4-硝基苯酚$$

【试剂与仪器】

1. ALP检测试剂组成
（1）试剂I
2-氨基-2-甲基-1-丙醇　　　　　　1.0mmol/L

81

硫酸锌	1.5mmol/L
乙酸镁	2.5mmol/L
N-羟乙基乙二胺三乙酸	2.5mmol/L

（2）试剂Ⅱ

磷酸-4-硝基苯酚	100mmol/L
氯化镁	10.5mmol/L

2. 仪器 半自动生化分析仪。

【操作步骤】

1. 单试剂法 先将试剂Ⅰ和试剂Ⅱ按照4:1的比例充分混匀，形成混合试剂，按照表3-27加入待测样本和试剂，按仪器和试剂盒说明书的要求进行测定。

表3-27 连续监测法测定血清碱性磷酸酶（单试剂）操作步骤　　单位：ml

加入物	测定管
血清	0.02
工作液	1

充分混匀，设置延迟时间1分钟，1分钟后读取吸光度值，然后每隔1分钟读取一次吸光度值，共计监测3分钟，计算平均吸光度（ΔA/t）。

2. 双试剂法 按照操作步骤先后加入试剂Ⅰ、待测血清和试剂Ⅱ，具体见表3-28。

表3-28 连续监测法测定血清碱性磷酸酶（双试剂）操作步骤　　单位：ml

加入物	测定管
待测血清	0.02
试剂Ⅰ	0.80
充分混匀，37℃孵育1~6min	
试剂Ⅱ	0.20

充分混匀，使用空白管进行调零，设置延迟时间1分钟，读取吸光度值，每隔1分钟读取一次吸光度值，共计监测3分钟，计算平均变化吸光度（ΔA/t）。

【结果计算】

$$ALP(U/L)=\Delta A/t \times \frac{V_t}{V_s \times \varepsilon \times b} \times 10^6$$

式中：V_t 为总反应体积（μl）；V_s 为样品体积（μl）；b 为比色杯光径（cm）；4-硝基苯酚在405nm处的毫摩尔吸光系数（ε）是18.8。

【参考区间】

女性：20~49岁，35~100U/L；50~79岁，50~135U/L。
男性：20~79岁，45~125U/L。

【注意事项】

1. 注意溶血会产生负干扰,同时应避免使用 EDTA、枸橼酸盐等抗凝血浆。

2. 人工色素原底物有一定的自发水解作用,酶活性计算时应扣除试剂空白变化的速率,为保证足够的底物浓度需设置试剂空白吸光度限额,且如果空白试剂吸光度 >0.6 时(比色杯光径为 1cm),则该试剂不能使用。

3. 理论 K 值与实际 K 值有一定偏差,有条件的临床实验室可以进行校正。

4. 双试剂法与单试剂法的主要差别是双试剂法可消除非色素原的底物干扰,如内源性磷酸酯类等。

【思考题】

1. 什么是色素原底物法?

2. 用色素原底物法测定 ALP 活性时有哪些注意事项?

（梁照锋）

实验 36 连续监测法测定血清 γ- 谷氨酰转移酶

γ- 谷氨酰转移酶(γ-glutamyl transferase,GGT,γ-GT)主要分布于肾、肝、胰、小肠等,血清中 GGT 主要来源于肝胆系统,因此检测结果可用于肝胆疾病的诊断。

【实验目的】

掌握:连续监测法测定 γ- 谷氨酰转移酶的基本原理和操作步骤。

熟悉:连续监测法测定 γ- 谷氨酰转移酶的注意事项。

了解:测定 γ- 谷氨酰转移酶的其他方法。

【实验原理】

L-γ- 谷氨酰 -3- 羧基 -4- 硝基苯胺(GCNA)为底物,以甘氨酰甘氨酸(双甘肽)为谷氨酰基的受体成分,在 GGT 催化下,谷氨酰基转移到双甘肽分子上,同时释放出 2- 硝基 -5- 氨基苯甲酸(黄色),在 405nm 波长处检测吸光度变化速率 $\Delta A/t$。吸光度的增高速率与 GGT 活性成正比,利用连续监测法测定酶活性的计算公式可求出待测样本中 GGT 的活性。

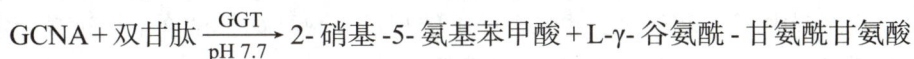

$$\text{GCNA} + 双甘肽 \xrightarrow[\text{pH 7.7}]{\text{GGT}} 2\text{- 硝基 -5- 氨基苯甲酸} + \text{L-}\gamma\text{- 谷氨酰 - 甘氨酰甘氨酸}$$

【试剂与仪器】

1. GGT 检测试剂盒主要成分

(1)试剂 I

Tris-HCl 缓冲液	100.0mmol/L
甘氨酰甘氨酸	100.0mmol/L

(2)试剂 II

L-γ- 谷氨酰 -3- 羧基 -4- 硝基苯胺	6.0mmol/L

2. 酶校正品

3. 仪器 半自动生化分析仪。

【操作步骤】

半自动生化分析仪速率法　按仪器和试剂盒说明书的要求进行测定,具体操作见表 3-29。

表 3-29　连续监测法测定血清 GGT 操作步骤　　　　　　　　　　　　单位:ml

加入物	空白管	标准管	测定管
血清	—	—	0.03
标准液	—	0.03	—
蒸馏水	0.03	—	—
试剂Ⅰ	0.48	0.48	0.48
混匀,37℃恒温 3～5min			
试剂Ⅱ	0.12	0.12	0.12

充分混匀,37℃恒温 1 分钟后测定初始吸光度,每 20 秒检测一次,连续检测 1 分钟,测定平均吸光度变化值 $\Delta A/t$,计算 GGT 活性浓度。

【结果计算】

$$GGT(U/L) = \Delta A/t \times \frac{10^6}{9\,490} \times \frac{1.1}{0.1} = \Delta A/t \times 1\,159$$

式中,9 490 是 2- 硝基 -5- 氨基苯甲酸在 405nm 波长处的摩尔吸光系数。

【参考区间】

男性:10～60U/L;女性:7～45U/L。新生儿可达成年人 5～8 倍。

【注意事项】

1. 双甘肽既是缓冲液也是谷氨酰的接受体,有类似底物的作用。甘氨酸对反应有抑制作用,双甘肽制剂中不应含有甘氨酸或含量不能超过 0.1%;如果试剂空白过高,说明该底物自身水解严重,可能因底物不足导致结果偏低。

2. 人体各器官中 GGT 含量肾脏中最高,肾脏疾病时,血液中该酶活性增高却不明显。有可能是肾脏疾病时,GGT 随尿排出所致。故测定尿中酶活性有助于诊断肾脏疾患。

3. 嗜酒和长期服用某些药物如苯巴比妥、苯妥英钠和安替比林等会引起 GGT 明显升高,诊断疾病时必须排除该因素。

【思考题】

1. 简述色素原底物法测定 GGT 的优缺点和注意事项。
2. 试剂成分双甘肽有何作用?
3. K 值分哪几类?临床常用的是哪类?

(梁照锋)

第五节 酶循环法测定实验

酶循环法是利用底物和辅酶的循环反应,使酶促反应产物不断扩增以利于测定的方法。该方法可使反应产物增加,提高检测的灵敏度和特异度。

实验 37 酶循环法测定血清总胆汁酸

胆汁酸是胆固醇在肝脏分解代谢的产物,胆汁酸的生成、代谢和分泌与肝胆系统功能密切相关。血清总胆汁酸指血清中胆汁酸的总含量,是胆固醇在肝脏分解代谢的主要终产物。血清总胆汁酸水平可作为反映肝功能的一项重要指标,也是梗阻性黄疸的诊断指标之一。

【实验目的】

掌握:酶循环法测定血清总胆汁酸的基本原理和操作过程。

熟悉:酶循环法测定血清总胆汁酸的注意事项。

了解:测定血清总胆汁酸的临床意义。

【实验原理】

血清中的胆汁酸在 3α- 羟类固醇脱氢酶(3alpha-hydroxysteroid dehydrogenase,3α-HSD)和 β- 硫代烟酰胺嘌呤二核苷酸氧化型(Thio-NAD$^+$)作用下,被特异性地氧化生成 3- 酮类固醇和 β- 硫代烟酰胺嘌呤二核苷酸还原型(Thio-NADH)。生成的 3- 酮类固醇在 3α-HSD 催化下与 NADH 作用可生成胆汁酸和 NAD$^+$。新生成的胆汁酸再经过第一步反应,产生 3- 酮类固醇和 Thio-NADH,如此循环反应,血清中微量的胆汁酸检测信号被放大,同时生成的 Thio-NADH 不断增多,提高了检测灵敏度。在波长 405nm 监测 Thio-NADH 吸光度的变化,可计算出血清中胆汁酸的含量。

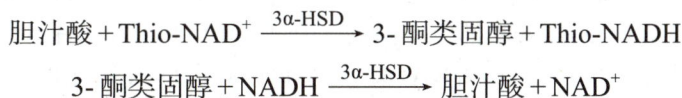

$$胆汁酸 + Thio\text{-}NAD^+ \xrightarrow{3\alpha\text{-}HSD} 3\text{-}酮类固醇 + Thio\text{-}NADH$$

$$3\text{-}酮类固醇 + NADH \xrightarrow{3\alpha\text{-}HSD} 胆汁酸 + NAD^+$$

【试剂与仪器】

1. 胆汁酸检测试剂盒主要成分

(1)试剂 I(pH 7.0)

Thio-NAD$^+$	2mmol/L
Good 缓冲液	20mmol/L

(2)试剂 II(pH 7.0)

3α-HSD	15kU/L
Thio-NADH	3mmol/L
Good 缓冲液	20mmol/L

2. 胆汁酸标准液 50μmol/L。

3. 仪器 半自动生化分析仪或分光光度计。

【操作步骤】

自动化分析法：按仪器和试剂盒说明书的要求进行测定，设置仪器参数，反应温度：37℃，波长：主波长405nm，次波长660nm。具体按表3-30进行操作。

表3-30 酶循环法测定血清总胆汁酸操作步骤 单位:ml

加入物	空白管	标准管	测定管
样本	—	—	0.003
标准液	—	0.003	—
蒸馏水	0.003	—	—
试剂Ⅰ	0.200	0.200	0.200
混匀，37℃恒温3～5min			
试剂Ⅱ	0.050	0.050	0.050

混匀，37℃水浴，延迟时间1分钟，利用空白管调零，读数时间4分钟，每隔1分钟读数一次。

【结果计算】

$$血清\ TBA（\mu mol/L）=\frac{测定管吸光度（\Delta A_U）}{标准管吸光度（\Delta A_S）}\times 标准液浓度$$

式中，ΔA_U为测定管吸光度的变化值；ΔA_S为标准管吸光度的变化值。

【参考区间】

血清总胆汁酸（空腹）：0～10μmol/L。

【注意事项】

1. 酶循环法测定血清总胆汁酸是一种通过脱氢酶-辅酶体系来循环底物的方法，3α-HSD对Thio-NAD$^+$和NADH都应有高的亲和力，反应体系的pH和缓冲液应允许正反应和逆反应都能进行，Thio-NAD$^+$和NADH浓度和比例要适当，以便提高反应灵敏度。

2. 反应混合物的吸光度受蛋白质影响，故胆汁酸标准液应用混合血清配制。

3. 甘油三酯、脂肪酸和胆固醇的测定试剂中均加有胆酸盐，自动分析时会引起携带污染，必须注意，可将总胆汁酸测定排在上述有污染的项目前面进行测定，也可以设定试剂针、样品针和反应杯的补充清洗程序。

【思考题】

1. 血清总胆汁酸常用测定方法有哪些？参考方法是什么？
2. 酶循环法测定总胆汁酸的基本原理是什么？优点是什么？

（梁照锋）

实验38 酶循环法测定血清同型半胱氨酸

同型半胱氨酸是蛋白质代谢过程中的降解产物。当机体新陈代谢出现障碍时，同型半胱氨酸无法降解而在体内累积，高浓度的同型半胱氨酸可损伤血管壁，或引起血管内膜增厚、粗糙、斑块形成等。

【实验目的】

掌握：酶循环法测定血清同型半胱氨酸的基本原理和操作步骤。

熟悉：测定血清同型半胱氨酸的注意事项。

了解：测定血清同型半胱氨酸常用的其他方法。

【实验原理】

血清中游离型同型半胱氨酸在胱硫醚 β- 合成酶（cystathionine β-synthase，CBS）的催化下和丝氨酸反应生成 L- 胱硫醚。L- 胱硫醚在胱硫醚 β- 分解酶（cystathionine-β-lyase，CBL）的催化下生成同型半胱氨酸、丙酮酸和 NH_3。新生成的同型半胱氨酸可以再次循环进行上述反应，血清中游离型同型半胱氨酸被放大，同时生成的丙酮酸和 NH_3 不断增多，检测灵敏度不断提高。累积的丙酮酸在乳酸脱氢酶（lactate dehydrogenase，LD）的作用下，使 NADH 转化为 NAD^+，样本中的同型半胱氨酸的浓度与 NADH 的转化速率成正比；或累积的 NH_3 在谷氨酸脱氢酶（glutamate dehydrogenase，GLDH）的作用下，使 NADH 转化为 NAD^+，样本中的同型半胱氨酸的浓度与 NADH 的变化成正比。

【试剂与仪器】

1. 同型半胱氨酸检测试剂的主要成分

（1）试剂 I

丝氨酸	0.76mmol/L
NADH	0.47mmol/L
胱硫醚 β- 合成酶（CBS）	>20kU/L

（2）试剂 II

胱硫醚 β- 分解酶（CBL）	>10kU/L
稳定剂（EDTA）	>0.1g/L

2. 仪器 半自动生化分析仪。

【操作步骤】

按照试剂盒说明书和仪器操作要求设置参数，在半自动生化分析仪上进行检测，主要操作步骤按表 3-31。

表 3-31 酶循环法测定同型半胱氨酸操作步骤 　　　　　　　　单位:ml

加入物	空白管	标准管	测定管
样本	—	—	0.039
标准液	—	0.039	—
蒸馏水	0.039	—	—
试剂 I	0.732	0.732	0.732
混匀，37℃恒温 3～5min			
试剂 II	0.183	0.183	0.183

混匀，37℃孵育 1 分钟，利用空白管进行调零，每隔 1 分钟测定各管的吸光度一次，连续检测 3 分钟，计算 $\Delta A/t$。

【结果计算】

$$血清同型半胱氨酸（\mu mol/L）=\frac{测定管吸光度（\Delta A_U）}{标准管吸光度（\Delta A_S）}\times 标准液浓度（\mu mol/L）$$

式中：ΔA_U 为测定管吸光度的变化值；ΔA_S 为标准品管吸光度的变化值。

【参考区间】

叶酸补充饮食者血清同型半胱氨酸：<15 岁，<8μmol/L；15～65 岁，<12μmol/L；>65 岁，<16μmol/L。

无叶酸补充饮食者血清同型半胱氨酸：<15 岁，<10μmol/L；15～65 岁，<15μmol/L；>65 岁，<20μmol/L。

【注意事项】

1. 标本最好在 3 小时内检测，如不能及时检测，应尽快离心并于 2～8℃密封冷藏，最长可保存 48 小时。

2. 该法的检测需要胱硫醚参与反应，一般情况下胱硫醚水平对检测结果的影响是可以不予考虑的。但是，晚期肾病患者胱硫醚水平可能会急剧增高，对检测结果造成的影响可能超过 20%，需要注意。

【思考题】

1. 检测血清同型半胱氨酸的常用方法有哪些？
2. 简述酶循环法测定血清同型半胱氨酸的原理和注意事项。

（梁照锋）

第四章 临床生物化学检验综合性实验

临床生物化学综合性实验是医学检验专业教学的重要组成部分，旨在培养学生将临床生物化学检验的理论知识与临床实践相结合的能力。通过实践操作，不仅能强化学生的实验技能，更能培养他们解决实际临床问题的能力，为未来成为一名合格的医学检验工作者奠定坚实的基础。在实验过程中，学生在掌握正确利用现代分析仪器如光谱光度计、色谱仪、自动生化分析仪等对标本进行分析的基础上，学习校准仪器，执行校正曲线的制备；通过对实验数据的处理和分析，评价实验结果的准确性和可靠性；并学会解读数据，将其应用于临床情境。此外，实验也着重培养学生的批判性思维能力，鼓励他们通过文献研究与案例讨论，对实验结果进行科学的解释和合理的推断。

第一节　方法学性能评价实验

为满足临床诊疗对临床检验日益增长的要求及需求，实验室持续引入新方法或改进原有方法，新方法在进入临床应用之前，应对其进行方法学性能评价。

常见的方法学性能评价指标有：精密度（precision）、特异性（specificity）、正确度（trueness）和可报告范围（reportable range）等。重复性试验评价方法的精密度；正确度评价试验包括回收试验、干扰试验和方法比较试验；可报告范围评价试验包括分析测量范围和临床可报告范围。

实验 39　重复性试验

测量精密度（measurement precision）简称精密度，是指在规定条件下，对同一或类似被测对象重复测量所得的示值或测得值间的一致程度，通常用不精密度（imprecision）表示。重复性测量条件简称重复性条件，是指相同测量系统、相同测量程序、相同操作者、相同操作条件和相同地点，在短时间内对同一或相类似被测量对象进行重复测量的一组测量条件。测量重复性（measurement repeatability）简称重复性，是指在一组重复性测量条件下的测量精密度，也称为批内精密度或日内精密度，反映测定结果的随机分散程度。期间测量精密度测量条件简称期间精密度条件，是指除了相同测量程序和相同地点，还包括涉及改变的不同操作者、不同时间、不同批号校准品和试剂等其他条件，并在一个较长时间内对同一或相类似的被测量对象进行重复测量的一组测量条件。期间测量精密度简称期间精密度，是指在一组期间精密度条件下测量精密度，也称为日间精密度。本实验以葡萄糖氧化酶法（GOD-POD 法）测定血清葡萄糖为例，评价该方法的精密度。

【实验目的】

掌握：重复性试验的原理及操作过程。

熟悉：检查离群值的方法。

了解：分光光度计、生化分析仪的基本构造、模块功能。

【实验原理】

用待验证方法对多水平样品进行多批、多次测定，获得检验方法的重复性（批内、批间）和中间（实验室内）精密度指标，即标准差（standard deviation，S）或变异系数（coefficient of variation，CV），与规定的可接受标准比较，得出验证结论。

【试剂与仪器】

1. **临床标本** 选取葡萄糖浓度为 6.7mmol/L 和 11.1mmol/L 两个医学决定水平的血清标本。

2. **GOD-POD 法血清葡萄糖测定试剂盒。**

3. **仪器** 生化分析仪或分光光度计。

【操作步骤】

参考中华人民共和国卫生行业标准 WS/T 408—2024《定量检验程序分析性能验证指南》。血清葡萄糖浓度测定的具体操作参照实验29。

1. 分别将两个浓度水平的标本分成5批，每批在不同工作日完成，重复测定每种样品3次。

2. 记录每个浓度水平 15 个测定值，两个浓度水平共计 30 个测定值。

【结果计算】

1. 检查离群值

$$格拉布斯（Grubbs）限 = \bar{x} \pm G \times S$$

式中：$\bar{x}$ 为同一水平所有精密度测定结果的均值；S 为同一水平所有精密度测定结果的标准差；G 为 Grubbs 参数，根据样品个数查询"Grubbs 临界表"获得。

代入公式计算得 Grubbs 上限和下限。当同一水平所有数据在范围内时，无离群值。

2. 计算平均批内标准差、批间标准差和实验室内标准差

（1）每种样品每批实验结果均值和标准差（S_{WRi}）

$$每种样品\ \bar{x} = \frac{\sum_{i=1}^{n} x_i}{n}$$

$$标准差（S_{WRi}）= \sqrt{\frac{\sum (x_i - \bar{x})^2}{n-1}}$$

式中：x_i 为每次测定结果；n 为重复测定次数。

（2）各批总均值和标准差（S_M）

$$总均值\ \overline{X} = \frac{\sum_{i=1}^{m} \bar{x}_i}{m}$$

$$均值标准差（S_M）= \sqrt{\frac{\sum (\bar{x}_i - \overline{X})^2}{m-1}}$$

式中：m 为批数。

（3）计算平均批内标准差（S_{WR}）、批间标准差（S_{BR}）和实验室内标准差（S_{WL}）

$$S_{WR} = \sqrt{\frac{\sum_{i=1}^{m} S_{WRi}^2}{m}}$$

$$S_{BR} = \sqrt{S_M^2 - \frac{S_{WR}^2}{n}}$$

$$S_{WL} = \sqrt{S_{WR}^2 + S_{BR}^2} = \sqrt{\frac{n-1}{n}S_{WR}^2 + S_M^2}$$

【评价标准】

根据中华人民共和国卫生行业标准 WS/T 403—2024《临床化学检验常用项目分析质量标准》文件，葡萄糖 S_{WL} 应≤3%。

【注意事项】

1. 重复性试验前，建议先按照厂家操作说明进行仪器校准和内部质量控制，保证检验程序正常运行。

2. 取新鲜临床标本，无已知接触性感染病原体，且无溶血、无黄疸和无脂浊。

3. 使用相同测量系统（包括试剂、仪器、校准品），由相同操作者在相同地点和相同操作条件下测量。

4. 当出现离群值时，剔除数据量不得超过总数据量的 5%。

【思考题】

1. 剔除离群值的方法是什么？

2. 对于重复性试验，剔除离群值的意义是什么？

（张洁心）

实验40 回收试验

系统误差（systematic error）是指在可重复条件下，对相同的被测量无数次测定结果的均值与被测量真值的差异。测量偏倚（measurement bias）简称偏倚，是指系统测量误差的估计值，可为正数或负数。测量正确度（measurement trueness）简称正确度（trueness），是指无穷多次重复测量结果的均值与真值的一致程度，用偏倚（bias）表示。回收试验通过分析比例系统误差，并与规定的性能标准进行比较，用于评价方法的测量正确度。本实验以葡萄糖氧化酶法（GOD-POD 法）测定血清葡萄糖为例，评价该方法比例系统误差大小。

【实验目的】

掌握：回收试验的原理及操作过程。

熟悉：回收试验的评价标准。

了解：回收试验的注意事项。

【实验原理】

向样品中加入已知浓度的标准物质，评价方法的正确测定能力。

【试剂与仪器】

1. **临床标本** 选取多份标本制备混合血清,葡萄糖终浓度约 2.2mmol/L。
2. **葡萄糖标准溶液** 浓度为 80mmol/L。
3. **生理盐水。**
4. **GOD-POD 法血清葡萄糖测定试剂盒。**
5. **仪器** 生化分析仪或分光光度计。

【操作步骤】

血清葡萄糖浓度测定的具体操作参照实验 29。

1. **样品制备** 见表 4-1。

表 4-1 回收试验样品制备   单位:ml

加入物	基础样品	回收样品		
		回收样品 1	回收样品 2	回收样品 3
临床样品	0.9	0.9	0.9	0.9
葡萄糖标准液	—	0.01	0.06	0.09
生理盐水	0.1	0.09	0.04	0.01

2. **葡萄糖浓度测定** 分别测定基础样品和回收样品的葡萄糖浓度,重复测定 3 次,求均值。

【结果计算】

$$回收率 = \frac{C \times (V_0 + V) - C_0 \times V_0}{V \times C_s} \times 100\%$$

式中:C 为基础样品加入标准溶液后的测定结果均值;V_0 为基础样品体积;V 为加入标准溶液体积;C_0 为基础样品测定结果;C_s 为标准溶液浓度。

【评价标准】

回收率在(100±5)% 为可接受。

【注意事项】

1. 开始回收试验前,需确定检测系统(包括仪器、试剂、校准品)和实验操作人员均符合基本要求。
2. 实验当日新选取新鲜临床样品,无已知接触性感染病原体,且无溶血、无黄疸和无脂浊。
3. 加入标准溶液的体积不得超过总体积的 1/10。
4. 回收样品中分析物的量应接近医学决定水平,且在该方法试剂盒所述的分析测量范围内。
5. 加样的准确性直接影响实验结果。

【思考题】

1. 回收率为 100% 说明了什么?

2.影响回收率的因素有哪些？

（张洁心）

实验41　干　扰　试　验

干扰（interference）是指在临床化学中被测物浓度因样品特性或其他成分的影响而出现的临床显著性偏差。干扰物（interferent substance）是指不是被测定，但对测定结果有影响的物质，包括内源性干扰物（因疾病出现在样品中的物质）和外源性干扰物（来自体外的对样品物质测定有干扰的物质）。特异性（specificity）是指干扰物存在时，分析系统可以正确区分或检测被测物的能力。本实验以葡萄糖氧化酶法（GOD-POD法）测定血清葡萄糖为例，评价维生素C干扰该方法测定所产生的分析误差。

【实验目的】

掌握：干扰试验的原理及操作过程。

熟悉：常见的引起干扰作用的物质及其对分析过程的影响机制。

了解：干扰物实验浓度的选择与确定。

【实验原理】

干扰物对于被评价的方法有显著干扰作用，评价该干扰物在不同浓度下对测定结果的干扰效应，确定接受标准。

【试剂与仪器】

1. **临床标本**　选取多份标本制备混合血清，葡萄糖终浓度约6.7mmol/L。

2. **干扰物**　利用生理盐水配制3g/L维生素C溶液。

3. GOD-POD法血清葡萄糖测定试剂盒。

4. **仪器**　生化分析仪或分光光度计。

【操作步骤】

血清葡萄糖浓度测定的具体操作参照实验29。

1. **样品制备**　见表4-2。基础样品的维生素C终浓度为0g/L，干扰样品的维生素C终浓度分别为0.03g/L、0.10g/L、0.15g/L、0.20g/L、0.30g/L、0.50g/L。

表4-2　干扰试验样品制备

加入物	基础样品	干扰样品					
		1	2	3	4	5	6
混合血清/ml	0.600	0.594	0.580	0.570	0.560	0.540	0.500
维生素C溶液/ml	0	0.006	0.020	0.030	0.040	0.060	0.100

2. **葡萄糖浓度测定**　GOD-POD法分别测定每个样品管的葡萄糖浓度，重复测定10次，求均值，得到"基础样品测定值"和"干扰样品测定值"。

【结果计算】

$$干扰率 = \frac{干扰值}{基础值} \times 100\% = \frac{干扰样品测定值 - 基础样品测定值}{基础样品测定值} \times 100\%$$

【评价标准】

根据中华人民共和国卫生行业标准 WS/T 403—2024《临床化学检验常用项目分析质量标准》文件，葡萄糖的允许偏倚为 2.0%。当干扰率≤2.0% 时，可认为由干扰效应引起的偏差对测定结果的影响可忽略，不影响临床决策。

【注意事项】

1. 开始干扰试验前，需确定检测系统（包括仪器、试剂、校准品）和实验操作人员均符合基本要求。

2. 必须强调的是，本实验要求试剂盒不含维生素 C 氧化酶，否则将影响实测值测定结果。

3. 实验当日新选取新鲜临床样品，无已知接触性感染病原体，且无溶血、无黄疸和无脂浊。

4. 现场配制干扰物，应保证干扰物在样品中完全溶解，样品基质不发生明显变化。

5. 样品前处理、样品空白或统计学校正等方法能有效降低干扰物对测定结果的影响。

【思考题】

1. 干扰物浓度不变时引起的误差是恒定的吗？

2. 干扰试验与回收试验的异同点有哪些？

（张洁心）

实验42 方法比较试验

使用患者标本的正确度验证，首选的比较方法是参考方法。由于参考方法的可获得性受限，临床实验室采用的比较方法是已得到临床验证的常规方法。本实验采用己糖激酶法（HK 法）测定血清葡萄糖与葡萄糖氧化酶法（GOD-POD 法）测定血清葡萄糖进行比较，以 HK 法作为比较方法，确定 GOD-POD 法的系统误差。

【实验目的】

掌握：方法比较试验的原理及操作过程。

熟悉：方法比较试验的数据统计及分析。

了解：方法比较试验的判定标准。

【实验原理】

在使用患者样品的正确度验证方案中，使用试验方法和比较方法同时检测患者标本，得出两种方法之间的差值。

【试剂与仪器】

1. **临床标本** 选取 20 份患者血清，其葡萄糖浓度水平包括医学决定水平或参考区间重要限值及相关病理情况下的临床常见水平。

2. HK 法血清葡萄糖测定试剂盒。

3. GOD-POD 法血清葡萄糖测定试剂盒。

4. **仪器** 生化分析仪或分光光度计。

【操作步骤】

根据中华人民共和国卫生行业标准 WS/T 492—2016《临床检验定量测定项目精密度与正确度性能验证》。葡萄糖浓度测定的具体操作参照实验 26 和 29。

1. 取不同浓度标本 20 份,每份标本一分为二,分别采用 HK 法和 GOD-POD 法测定葡萄糖浓度,各测定 1 次。

2. 记录每个样品葡萄糖测定结果(表 4-3)。假设 HK 法测定结果为 X,GOD-POD 法测定结果为 Y。

表4-3 方法比较试验测定结果　　　　　单位:mmol/L

样品号	HK 法	GOD-POD 法
	X	Y
1		
2		
3		
...		
20		

【结果计算】

1. 做图检查线性关系和离散度均匀性

(1)比较方法结果为 x 轴,试验方法结果为 y 轴制作散点图,拟合一阶回归方程 $y = a + bx$ 和相关系数 r^2。

(2)比较方法结果为 x 轴,每个样品试验方法测定结果与比较方法测定结果的差值为 y 轴制作散点图。

2. 计算两种方法之间的系统误差(差值)的估计值

$$差值(B) = \overline{Y} - \overline{X}$$

3. 计算差值标准差的估计值

$$单个差值与 B 的差值(b_i) = Y_i - X_i - B$$

$$单个差值与 B 差值的均值 \overline{b} = \frac{\sum_{i=1}^{n} \overline{b}_i}{n}$$

$$差值标准差的估计值(S_{diff}) = \sqrt{\frac{\sum(b_i - \overline{b})^2}{n-1}}$$

4. 计算差值的置信区间 以自由度 $n-1$、$p = 0.01$ 查询 t 临界值表,得到 t_{crit}。

$$置信区间上限 = B + \frac{t_{crit} \times S_{diff}}{\sqrt{n}}$$

$$置信区间下限 = B - \frac{t_{\text{crit}} \times S_{\text{diff}}}{\sqrt{n}}$$

【评价标准】

当计算的差值 B 落在由厂家声明的差值 B 计算得到的验证限之中，即试验方法正确度性能可以接受。

【注意事项】

1. 开始前，需确定检测系统（包括仪器、试剂、校准品）和实验操作人员均符合基本要求。

2. 实验当日新选取新鲜临床样品，无已知接触性感染病原体，且无溶血、无黄疸和无脂浊。若实验当天无法完成所有样品测定，应根据实验室规定进行贮存，避免反复冻融。融化后如有沉淀，离心后吸取上清液再测定。

【思考题】

评价分析方法的正确度，回收试验、干扰试验和方法比较试验各自的优缺点是什么？

（张洁心）

实验 43　可报告范围评价试验

可报告范围评价试验由分析测量范围（analytical measuring range）（或线性范围）评价试验及临床可报告范围（clinical reportable range）评价试验组成。分析物（analyte）是指以可测量的名义表示的成分。线性（linearity）是指在给定的测量范围内，使测定结果与样品中分析物的量直接成比例的能力。分析测量范围是指使实验系统的最终分析结果为可接受的线性的浓度范围。可报告范围评价试验用于临床实验室建立新方法的线性范围，也可用于验证现行定量测定方法的线性参数。本实验采用乳酸脱氢酶法（LD 法）试剂盒测定等浓度间隔的丙氨酸转氨酶活性浓度水平，评价乳酸脱氢酶法试剂盒的分析测量范围。以分析测量范围为依据，测定稀释后的丙氨酸转氨酶活性浓度水平，明确 LD 法的临床可报告范围。

【实验目的】

掌握：可报告范围评价试验的原理及操作过程。

熟悉：可报告范围评价试验的数据统计及分析。

了解：可报告范围评价试验的判定标准。

【实验原理】

对于已知的方法分析测量范围，选择规定数量的浓度水平进行验证。临床可报告范围是指样品经稀释、浓缩或其他预处理后，定量检测项目向临床报告的检测范围，是扩展的分析测量范围。

【试剂与仪器】

1. 临床标本　丙氨酸转氨酶活性浓度为 3U/L 的低浓度混合血清以及活性浓度为 450U/L 的高浓度混合血清。

2. 生理盐水。

3. LD 法丙氨酸转氨酶测定试剂盒。

4. 仪器 生化分析仪。

【操作步骤】

参考中华人民共和国卫生行业标准 WS/T 408—2012《临床化学设备线性评价指南》。血清丙氨酸转氨酶活性测定的具体操作参照实验27。

1. 分析测量范围评价试验

（1）确定实验室允许的不精密度范围和线性偏倚范围。

（2）配制丙氨酸转氨酶活性浓度梯度样品，将3U/L低浓度混合血清（L）与450U/L高浓度混合血清（H）按比例 L、0.8L+0.2H、0.6L+0.4H、0.4L+0.6H、0.2L+0.8H、H 配制成 6 个样品管。

（3）LD法分别测定各样品管丙氨酸转氨酶活性，每个样品重复测定 3 次，求均值。

2. 临床可报告范围评价试验 选取 3 份丙氨酸转氨酶活性浓度水平接近分析测量范围上限的临床标本，用生理盐水分别做 5 倍和 10 倍稀释。原倍管和稀释管各重复测定 3 次，求均值。

【结果计算】

1. 分析测量范围评价试验

（1）检查离群值

1）计算 Grubbs 限。

2）计算各样品管重复测定的不精密度，判断是否在实验室允许范围内。

（2）多项式回归统计：利用一般办公软件将数据拟合为一次多项式（$y=b_0+b_1x$）、二次多项式（$y=b_0+b_1x+b_2x^2$）和三次多项式（$y=b_0+b_1x+b_2x^2+b_3x^3$），根据所得 t 值判断拟合曲线的非线性系数（b_2 和 b_3）与 0 是否有统计学差异。若有统计学差异，则判断为非线性；若无统计学差异，则判断为线性。当存在非线性时，根据回归标准误大小将最小者确定为最适拟合模型。

（3）确定分析测量范围

1）一次多项式拟合模型

$$y=b_0+b_1x$$

2）二次多项式拟合模型和三次多项式拟合模型

计算拟合模型和线性模型的线性偏倚。

$$线性偏倚=\frac{拟合模型预期值-线性模型预期值}{多项式拟合模拟预期值}\times100\%$$

2. 临床可报告范围评价试验

$$稀释回收率=\frac{实测值}{预期值}\times100\%$$

$$临床可报告范围=分析测量范围上限\times最大稀释度$$

【评价标准】

1. 分析测量范围评价试验

（1）一次多项式拟合模型：b_0 接近于 0，$0.97<b_1<1.03$，相关系数 $r\geq0.975$（$r^2\geq0.95$）。

（2）二次多项式拟合模型和三次多项式拟合模型：每个稀释浓度的线性偏倚均在实验

室允许范围内,判断为可接受。

2. 临床可报告范围评价试验 稀释回收率为(100±10)%。

【注意事项】

1. 开始前,需确定检测系统(包括仪器、试剂、校准品)和实验操作人员均符合基本要求。

2. 实验当日新选取新鲜临床样品,无已知接触性感染病原体,且无溶血、无黄疸和无脂浊。

3. 在配制的丙氨酸转氨酶活性浓度梯度样品中,最高和最低浓度应分别接近方法分析测量范围的上限和下限。

4. 因无适合的临床样品而需对已有样品进行稀释、加入添加物或特殊处理时,应注意保持基质恒定。其他可供选择的样品种类有:5% 牛血清白蛋白或人白蛋白溶液稀释的临床样品、添加纯品分析物的临床样品、校准品 / 质控品、生理盐水稀释的样品、水溶液等。

5. 样品应随机编码,双盲测定。所有样品应在一天内尽快完成。

6. 分析测量范围评价试验中,当稀释浓度的线性偏倚超过实验室允许范围,则去除该点,将剩余点重做多项式回归,选择最适拟合模型。

【思考题】

1. 如何选择及确定满足可报告范围评价试验的样品?

2. 哪些生化项目不适用于可报告范围评价试验体系?

(张洁心)

第二节 全自动生化分析仪的性能评价

全自动生化分析仪是一种集自动化技术、光学、微电子技术和计算机科学于一体的设备,临床上用于对血液或其他体液进行测试、分析、诊断的仪器。其性能评价是一个全方位、多维度的过程,它不仅涉及 340nm 波长实际 K 值的计算、全自动生化分析仪的校准和性能验证等技术参数的评估,还包括操作便捷性、数据准确性和经济性的考量。这种评价对于保障临床诊断的准确性和提高医疗质量具有不可忽视的作用。

实验44 340nm 波长实际 K 值测定

在 340nm 波长处 NAD$^+$(NADP$^+$)吸光能力较弱,而 NADH(NADPH)有最大吸收峰。因此,通过测量 340nm 波长单位时间内(每分钟)吸光度的变化,可以间接测量 NADH(NADPH)的生成量或减少量,从而推算出活性。公式为:$X(U/L) = K \times \Delta A/t$。为了将吸光度转换为酶活性或化合物浓度,需要知道 NADH(NADPH)在 340nm 波长的摩尔吸光系数(通常用 ε 表示),$\varepsilon = 6\,220$ 为理论 ε,由此计算出的 K 值亦为理论 K 值。实际(用 $\varepsilon_{实}$ 表示)可能会受到波长、温度、溶剂、pH 及离子强度等多种因素的影响而与理论 ε 有差异,由此计算出的实际 $K(K_{实})$ 值与理论 K 值也不相同,用于计算结果可能造成较大的系统误差。因此,设计自动生化分析仪 340nm 波长实际 K 值测定的实验是十分必要的。

【实验目的】

掌握：生化分析仪 340nm 波长实际 K 值测定的设计原理和基本方法。

熟悉：实测 K 值的计算方法。

了解：影响 K 值的因素和避免方法。

【实验原理】

$$葡萄糖 + ATP \xrightarrow{HK} 6\text{-}磷酸葡萄糖 + ADP$$

$$6\text{-}磷酸葡萄糖 + NADP^+ \xrightarrow{G\text{-}6\text{-}PD} 6\text{-}磷酸葡萄糖酸 + NADPH + H^+$$

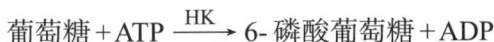

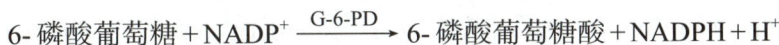

己糖激酶法（HK 法）测定葡萄糖，葡萄糖的消耗与 NADPH 的生成呈等摩尔关系。葡萄糖有标准品，当反应达到终点时，NADPH 物质的量等于标准的葡萄糖摩尔数，通过测其吸光度 A 值，即可求得实际的摩尔吸光系数 $\varepsilon_实$，从而计算出实际 K 值。

【试剂与仪器】

1. 试剂I 2.0mmol/L 三磷酸腺苷（ATP）；1.32mmol/L NADP$^+$；2.37mmol/L Mg^{2+}。
2. 试剂II 590U/L 己糖激酶（HK）；1 580U/L 6-磷酸葡萄糖脱氢酶（G-6-PD）。
3. 葡萄糖标准液（7.20mmol/L，即 7 200μmol/L）。
4. 仪器 半自动或全自动生化分析仪。

【操作步骤】

自动生化分析仪检测血糖的基本参数按照试剂说明书设置：样品 3μl，试剂I 240μl，试剂II 60μl，混合后 37℃ 孵育 10 分钟，340nm 测定吸光度。为尽量降低偶然误差，建议对葡萄糖标准液进行 10 次重复测定。

记录吸光度 A 值于表 4-4 中。

表 4-4 340nm 波长测定 NADPH 吸光度 A 值记录

次数	1	2	3	4	5	6	7	8	9	10	均值
A 值											

【结果计算】

1. 求出均值 $\overline{A}$、标准差（S）和变异系数（CV）。

$$\overline{A} = \frac{A_1 + A_2 + \cdots + A_{10}}{10}; \quad S = \sqrt{\frac{\sum(A_i - \overline{A})^2}{10-1}}; \quad CV = \frac{S}{\overline{A}} \times 100\%$$

如果 $CV > 5\%$，建议剔除离群值后重算或再重新测定 10 次。

2. NADPH 浓度计算

$$C_{NADPH} = \frac{C_{GS} \times V_s}{V_t} \times d = \frac{7\ 200\mu mol/L \times 3\mu l}{10^6 \times 303\mu l} \times d$$

3. 实际 ε 计算

$$\varepsilon_实 (L \cdot mol^{-1} \cdot cm^{-1}) = \frac{\overline{A}}{C_{NADPH} \times d}$$

4. 实际 K 值计算

$$K_{实} = \frac{10^6 \times V_t}{\varepsilon_{实} \times d \times V_s}$$

【注意事项】

1. **仪器校准** 确保自动生化分析仪已经过全面的校准,包括波长准确性和波长稳定性。使用校准液进行日常校准。

2. **光程长度** 在340nm波长下测量时,标准光程长度为1cm。有的自动生化分析仪比色杯光程为0.5cm或0.7cm,可自动计算为1cm。如果不能自动计算,则应根据实际光程进行换算。

3. **数据处理** 使用合适的统计方法来分析数据,包括计算平均值、标准差等。确保数据记录准确无误。

4. **质量控制** 进行质量控制测试,包括使用质控血清或质控品来验证测试结果的准确性和重复性。

【思考题】

1. 如何使用自动生化分析仪来测定 NADH 在 340nm 的吸光度?

2. 在临床诊断中,为什么准确测定 NADH 的摩尔吸光系数很重要?

(宫心鹏)

实验 45 全自动生化分析仪的校准

实验室应规定对校准和溯源的要求,以保持检验结果报告的一致性。我国法定计量机构在授权范围内依据相关法律法规对属于强制检定管理的计量器具实施检定。合格评定机构应索取并保存该法定计量机构的资质证明与授权范围。按照中华人民共和国医药行业标准 YY/T 0654—2017《全自动生化分析仪》的要求进行校准,全自动生化分析仪的校准内容包括:①杂散光;②吸光度线性范围;③吸光度准确性;④吸光度稳定性;⑤吸光度重复性;⑥温度准确度和波动度;⑦样品携带污染率;⑧加样准确度和重复性;⑨临床项目的批内精密度验证。

【实验目的】

掌握:全自动生化分析仪校准的内容。

熟悉:样品携带污染的计算方法。

了解:吸光度稳定性的实验方法。

【实验原理】

全自动生化分析仪的校准原理依赖于自身具备的"诊断"功能。吸光度部分的"诊断"主要基于朗伯 - 比尔定律,以及物质在紫外和可见光范围内产生的特征吸收光谱。通过对国家标准物质和生化分析仪生产厂家的配套标准溶液的检测,再结合部分检测项目(ALT,UREA,TP)的验证,以判断全自动生化分析仪是否满足性能要求。

【试剂与仪器】

1. **标准品** 国家标准物质 BW2025 一套(含证书):生化杂散光标准溶液一瓶;生化吸

光度标准溶液 1-1 和 1-2 各一瓶；配制溶液一套。

2. 试剂 PS40，R4，ALT 试剂盒，UREA 试剂盒，TP 试剂盒，系统定标液，质控 1、质控 2 等至少一套。

3. 实验器材及工具 移液器（10～1 000μl）及枪头、移液管、比色杯（全自动生化分析仪配套的）、温度计（经过校准的，精度不低于 0.1℃，量程 0～50℃）等。

4. 备用配件 样品针、试剂针、试剂/样品注射器内芯各一套备用。

5. 仪器 全自动生化分析仪一台。

【操作步骤】

1. 杂散光的检测 用蒸馏水作参比，在 340nm 处测定 50g/L 的亚硝酸钠标准溶液的吸光度。

2. 吸光度线性范围 对生化分析仪 340nm 和 450～520nm 范围内任一波长进行线性范围测定，340nm 用重铬酸钾溶液作色素原，450～520nm 用橙黄 G 溶液作色素原。要求色素原的吸光度比分析仪规定的吸光度的上限高 5% 左右。

3. 吸光度准确性 以蒸馏水作参比，在分析仪上用 340nm 测定生化吸光度标准物质 1-1 和 1-2，重复测量三次，计算三次测量值的算术平均值和标准值之差（即为误差）。

4. 吸光度稳定性 以蒸馏水作参比，用吸光度约 0.5 的橙黄 G 溶液和硫酸铜溶液，分别对主波长 340nm 和 660nm 波长进行稳定性测试。测量时间为最长反应时间，测定间隔为仪器读数间隔 18 秒。计算 28 个吸光度值的极差，不大于 0.01 即符合要求。

5. 吸光度重复性 以蒸馏水作参比，340nm 主波长，测量吸光度为 1.0 的橙黄 G 溶液，反应时间为最长反应时间，反应体积为最小反应体积 90μl，随机取 20 个吸光度，CV 值符合要求。

6. 温度准确度和波动度 将经过校准的，精度不低于 0.1℃，量程为 0～50℃的温度检测探头放入比色杯（含水）中，温度恒定后，每隔 30 秒测定一次温度，连续检测 10 分钟。

7. 样品携带污染率 采用吸光度约为 2.0 的橙黄 G 溶液作为高值，去离子水作为低值检测样品污染率。同时运行高值 $H1$、高值 $H2$、高值 $H3$，低值 $L1$、低值 $L2$、低值 $L3$ 测试样品携带污染率。做 5 组，取最大样品携带污染率。

$$样品的携带污染率 = \frac{L1-L3}{H3-L3} \times 100\%$$

8. 加样准确度和重复性 有两种方法可供选择，一种为称量法，另一种为比色法。因为称量法用到电子天平或分析天平，一般实验室不选择。大多采用比色法进行加样准确度和重复性的检定。

例如使用厂家提供的 PS100、PS40、R4 的染料分别对试剂针和样品针的重复性和准确度进行检测。采用用户自定义试剂（UDR）的方法，通过吸取定量染料，对试剂针和样品针的最大、最小加样量进行验证。测量 20 遍，分别记录结果。

9. 临床项目的批内精密度验证 一般要求对丙氨酸转氨酶（ALT）、尿素（UREA）和总蛋白（TP）三个项目进行批内精密度的验证。记录在表 4-5 中。

【结果计算】

将杂散光的检测结果（吸光度）记录于表 4-5 中。

表4-5　杂散光检测吸光度记录表

比色杯编号	杂散光（340nm）		
	空白	待测物	原液吸光度
1			
2			
3			

【参考区间】

1. **杂散光的检测要求**　吸光度≥2.3。
2. **吸光度线性范围要求**　相对偏倚＜±5%。

对分析仪 340nm 和 480nm 波长进行 11 个点的线性范围测定。其中用 340nm 波长对重铬酸钾溶液进行测定，用 480nm 波长对橙黄 G 溶液进行测定。其中每个浓度做 5 次求平均值，用最小二乘法对 0/10、1/10、2/10、3/10 这 4 个点进行线性拟合，按照以下 3 个公式计算后 5～11 点的相对偏倚 D_i。

$$D_i = \frac{A_i - (a + b \times C_i)}{a + b \times C_i} \times 100\%$$

式中：A_i 为某浓度点实际测量吸光度的平均值；a 为线性拟合的截距；b 为线性拟合的斜率；C_i 为相对浓度；i 为浓度序号，范围是 5～11。

$$b = \frac{n \sum_{i=1}^{n} A_i C_i - \sum_{i=1}^{n} A_i \sum_{i=1}^{n} C_i}{n \sum_{i=1}^{n} C_i^2 - \left(\sum_{i=1}^{n} C_i\right)^2}$$

$$a = \frac{\sum_{i=1}^{n} A_i}{n} - b \times \frac{\sum_{i=1}^{n} C_i}{n}$$

式中：A_i 为某浓度点实际测量吸光度的平均值；C_i 为相对浓度；n 为选定的浓度个数；i 为浓度序号，范围为 1～4。

3. **吸光度准确性**　两种标准物质的吸光度实测值与表 4-6 中的理论吸光度 0.5 和 1.0 进行比较，如果小于允许误差即为合格。

生化吸光度标准物质 1-1，吸光度见标准物质证书，允许误差为 ±0.025。

生化吸光度标准物质 1-2，吸光度见标准物质证书，允许误差为 ±0.07。

表4-6　吸光度准确度要求

吸光度值	允许误差
0.5	±0.025
1.0	±0.07

4. **吸光度稳定性**　要求：吸光度的变化不应大于 0.01。

5. **吸光度重复性** 要求：用变异系数表示，不应大于 1.5%。

6. **温度准确度和波动度** 要求：温度值应为（37.0±0.3）℃，波动度不超过 ±0.2℃。

7. **样品携带污染率** 要求：最大样品携带污染率不应大于 0.1%。

8. **加样准确度和重复性** 要求：所有项目的重复性≤2%，准确度 ±5%。

$$准确度 = \frac{准确度测量值 - 准确度靶值}{准确度靶值}$$

9. **临床项目的批内精密度** 要求：ALT、UREA、TP 的批内精密度试验，测得的变异系数应满足表 4-7 的要求。

表 4-7 临床项目批内精密度要求

项目名称	浓度范围	CV/%
ALT	30～50U/L	≤5
UREA	7.0～11.0mmol/L	≤2.5
TP	50.0～70.0g/L	≤2.5

【注意事项】

1. **定期维护设备** 做好日、周、月、季度和年度保养，并记录。

2. 参照中华人民共和国医药行业标准 YY/T 0654—2017 的要求进行校准。

3. 为满足计量溯源性要求，自动生化分析仪每年至少进行一次校准，并形成校准报告。

4. 应进行外部校准的设备，可参考 ISO 17511《体外诊断医疗装置 生物样品的定量测量 校准仪和控制材料赋值的计量学溯源性》以及相关专业领域国家 / 行业标准的要求，并符合 CNAS-CL01-G002《测量结果的计量溯源性要求》，至少对测量结果有重要影响的设备性能进行校准，如加样、检测、温控等。

5. 记录校准状态和再校准日期。

6. 保存设备性能记录，如校准证书和 / 或验证报告，包括日期、时间和结果。

7. 对自动生化分析仪进行外部校准的人员必须具备校准资质。

【思考题】

1. 什么叫携带污染（carry-over）？要求样品携带污染率的限值是多大？

2. 仪器校准后需要验证批内精密度的临床项目是哪几项？

（宫心鹏）

实验 46 全自动生化分析仪性能验证

性能验证（verification）是通过提供客观证据对规定要求已得到满足的认定。其中的"规定要求"指的是制造商声明的要求或标准规定的要求；"客观证据"指的是一些分析性能参数。自动生化分析仪的性能验证是确保仪器能够提供准确、可靠的分析结果的必要过程，通常包括以下几个分析参数的验证：正确度、精密度、线性范围（试剂盒还要验证临床可报告范围）、检测限和定量限、携带污染率、仪器间比对等。性能验证不是一劳永逸的，而是一个持续的过程。在仪器安装时、使用前，校准周期间，设备故障修复后，移动设备返回实验室使用前，新批号试剂、新货号试剂使用前等情况下，均应进行性能验证。

【实验目的】

掌握：性能验证的定义和验证参数。

熟悉：正确度、精密度、线性范围验证的方法。

了解：性能验证的时机及遵循的相关指南和标准。

【实验原理】

1. **正确度验证** 实验室可采用偏倚评估、回收试验、与参考方法比对等方式进行。本试验通过检测偏倚评估的方法验证分析系统的正确度。

2. **精密度验证** 评估全自动生化分析仪对同一样本进行多次测量时结果的一致性。这可以通过分析质量控制品或重复样本来实现，并计算标准差（S）或变异系数（CV）。

3. **线性区间验证** 确认全自动生化分析仪在其声称的测量范围内能够提供线性响应。本试验通过分析一系列不同浓度的样本，结果经统计后拟合回归方程：$y = bx + a$。

【试剂与仪器】、【操作步骤】和【结果计算】请参考第四章第一节。

【注意事项】

1. **验证计划** 在开始之前，制定一个详细的性能验证计划，包括拟验证的性能参数、使用的标准品或控制品、接受标准、测试方法和频率等。

2. **验证材料** 使用可靠的试剂、标准品和质控品，这些材料应该是同一批号，能够在预期的分析范围内提供稳定的结果。

3. **制定性能标准** 实验室应根据临床需求制定适宜的检验程序分析性能标准，制定性能标准时宜考虑相关制造商或研发者声明的标准、国家标准、行业标准、地方标准、团体标准、公开发表的临床应用指南和专家共识等。

4. **结果评估** 根据预定的接受标准评估性能验证的结果，确定分析仪是否满足性能要求。

5. **文档** 保留完整的性能验证文档，包括计划、方法、结果、任何问题的调查和解决记录，形成一份完整的性能验证报告，用于指导临床检验活动。

6. **审核和评审** 定期对性能验证过程进行内部审核，以确保持续符合质量要求。同时，应有独立于测试过程的评审人员进行结果评审。

【思考题】

1. 生化分析仪性能验证的目的是什么？它对临床实验室有何重要性？

2. 为什么需要验证自动生化分析仪的线性范围？

（宫心鹏）

第三节　临床生物化学检验质量管理

临床生物化学检验质量管理是确保检验结果准确性、可靠性和一致性的关键。质量管理包含以下几个核心方面：建立标准操作规程、每日进行室内质量控制检测、参与外部质量评价计划、仪器设备定期维护和校准及性能验证、试剂和材料控制、人员培训与评估等。通过这些综合措施，临床生物化学检验的质量管理能够确保检验过程的每一环节都达到高标准，从而为临床提供准确可靠的检验结果。

实验47 室内质量控制实验

实验室室内质量控制（internal quality control，IQC）是确保实验室内部测试和分析结果准确性和可靠性的重要手段。它涉及实验室内部的各种操作和管理，旨在减少或消除实验过程中可能出现的误差和偏差。IQC 是一个持续的过程，实验室应根据检验结果和反馈，不断改进和优化质量控制方案，提高实验室的工作质量和效率。

【实验目的】

掌握：实验室室内质量控制的原理、Levey-Jennings 质控图及其绘制方法。

熟悉：室内质控图判断规则及失控后的处理方法。

了解：室内质量控制的注意事项。

【实验原理】

临床生化检验室内质控属于统计过程质控方法，通过每天至少 1 次对相同质控品的检测，来评估判断分析系统的精密度水平。质控图是一种包含质控界限的统计图，质控界限通常由受控分析方法对已知标本（通常为质控品）作重复测定获得的均值（$\overline{X}$）和标准差（S）来确定。当质控品测定值的点落在质控界限之内时，一般解释为"在控"。当点落在质控界限之外时，表示检测过程可能存在问题。通过对质控图形的分析，可判断检测过程是否"在控"或"失控"，并可判断是正确性还是精密度发生了问题。Levey-Jennings 质控方法以质控品累计测定至少 20 次，对结果计算均值（$\overline{X}$）和标准差（S），以 $\overline{X}\pm2S$ 为警告限，以 $\overline{X}\pm3S$ 为失控限绘制质控图，简称 L-J 质控图。

【试剂与仪器】

1. **试剂** GOD-POD 法葡萄糖检测试剂盒。
2. **质控品** 可购置商品化质控品，也可自制质控品。
3. **仪器** 分光光度计；半自动生化分析仪或全自动生化分析仪。

【操作步骤】

1. 质控品葡萄糖浓度检测，请参照实验29"葡萄糖氧化酶法测定血清（浆）葡萄糖"。
2. **数据采集** 用同一批号的未定值质控血清，连续测定 20 天以上或 1 个月，记录测定数据，填写测定项目质控数据表，如表 4-8 所示。

表4-8 质控数据表

年	月	项目：Glu																		
批次	1	2	3	4	5	6	7	8	9	10	11	12	13	14	15	16	17	18	19	20
结果/（mmol/L）																				

3. **确定靶值和控制限** 计算均值（$\overline{X}$）、标准差（S）和变异系数（CV）；确定控制限和警告限。控制限（或失控限或行动界限）通常为 $\overline{X}\pm3S$；警告限通常为 $\overline{X}\pm2S$。

4. 质控图的制作　在坐标纸上或使用 EXCEL 软件,以 y 轴为质控品葡萄糖测定值, x 轴为测定次数 N(可具体地以日期或每批分析批号表示)绘制。在 y 轴刻度上标明 $\overline{X}$、 $\overline{X}\pm 2S$ 和 $\overline{X}\pm 3S$ 等浓度值,并绘制相应的水平线。在质控图上,y 轴上一般标注 $\overline{X}\pm 3S$ 的浓度范围;x 轴刻度通常表示为日期,常为一个月。此外,质控图上还应注明项目、方法、仪器种类、质控品名称、批号及有效期、检测日期、$\overline{X}$、S、CV、每一小格代表的含量或吸光度和操作者等信息(见文末彩图 4-1)。

5. 质控图的应用　对质控品每天随患者标本分析,将质控结果标在图上,直线连接,并依据质控判断规则对质控情况进行分析。

【判断规则】

1. 正态分布规律　68% 的数据在 $\overline{X}\pm 1S$ 内,95% 的数据在 $\overline{X}\pm 2S$ 内,99.7% 的数据在 $\overline{X}\pm 3S$ 内。因此,在 $\overline{X}\pm 3S$ 之外的数据属于小概率事件,一旦出现,说明偶然误差过大。

2. Westgard 多规则质控法判断规则

(1) 1_{2S} 警告:表示一个质控测定结果超过 $\overline{X}\pm 2S$,如违背此规则,提示警告。

(2) 1_{3S}:表示一个质控测定结果超过 $\overline{X}\pm 3S$,如违背此规则,提示存在随机误差。

(3) 2_{2S}:表示两个连续质控测定结果同时超过 $\overline{X}+2S$ 或 $\overline{X}-2S$,如违背此规则,提示存在系统误差。

(4) R_{4S}:表示同批两个质控测定结果之差值超过 4S,即一个质控测定结果超过 $\overline{X}+2S$,另一质控测定结果超过 $\overline{X}-2S$,如违背此规则,提示存在随机误差。

(5) 4_{1S}:表示一个质控品连续的 4 次测定结果超过 $\overline{X}+1S$ 或 $\overline{X}-1S$,如违背此规则,提示存在系统误差,需要采取预防性维护措施。

(6) $10_{\overline{x}}$:表示 10 个连续的质控测定结果落在平均数的同一侧,如违背此规则,提示存在系统误差,需要采取预防性维护措施。

【注意事项】

1. 人员培训　确保所有参与 IQC 活动的人员都接受职业培训,明确职责和操作流程。

2. 仪器校准和验证　在开始 IQC 活动之前,确保所有仪器设备已经校准并验证其性能符合要求。

3. 记录保存　详细记录 IQC 活动的所有步骤和结果,包括任何异常情况或偏差。如失控记录和月总结报告等。

4. 失控后处理　如发现质控数据违背了质控规则,应填写失控报告单,上交专业室主管,由专业室主管作出是否发出与测定质控品相关患者的标本检验报告的决定。

5. 失控原因分析　"人""机""料""法""环""测"各环节出现问题均可导致失控。此时,首先要判断失控的性质,查明导致失控的原因,采取处理措施。重测质控品结果在控后,再随机挑选出一定比例(例如 10% 或 20%)的患者标本进行重新测定,最后根据既定标准判断先前测定结果是否可接受。

【思考题】

1. 如何设定 L-J 质控图的靶值和控制限?
2. 失控后如何处理?

(宫心鹏)

实验 48 室间质量评价实验

室间质量评价（external quality assessment，EQA）或能力验证（proficiency testing，PT）就是利用实验室间比对，按照预先制定的准则评价参加者的能力。该活动越来越受到各级临床实验室管理者和医务人员的重视，是一项技术要求很高的工作。国际标准化组织针对能力验证提供者有专门的标准要求：ISO/IEC 17043《合格评定　能力验证提供者能力的通用要求》，我国关于临床实验室室间质量评价要求也出台了卫生行业标准：WS/T 644—2018《临床检验室间质量评价》。开展室间质量评价实验课，需要学生明确室间质量评价的目的和重要性，增加参与感，为将来进行 EQA 活动奠定基础。

【实验目的】

掌握：EQA/PT 的基本原理以及评价方法。

熟悉：EQA/PT 实验的基本操作。

了解：EQA/PT 的注意事项。

【实验原理】

组织者将多个标本周期性地发送到实验室进行分析和/或鉴定，将每一实验室的结果与同组的其他实验室的结果或指定值进行比较、统计分析，并将比较的结果报告给参与的实验室。本实验将学生以个人或实验小组视作一个实验室，模拟室间质量评价的方法，开展胆固醇测定项目的室间质量评价。

【试剂与仪器】

1. **试剂**　胆固醇测定试剂盒。
2. **质控血清**　5 种不同浓度的质控血清。
3. **仪器**　分光光度计、半自动生化分析仪或全自动生化分析仪。

【操作步骤】

1. **胆固醇测定操作步骤**　参考实验 31"胆固醇氧化酶法测定血清（浆）总胆固醇"。

2. **质控品检测**　每学期制订 1～2 次质控品检测计划（国家卫生健康委临床检验中心每年组织 3 次常规化学 PT 活动）。

3. **确定靶值（T）**

（1）使用实验室现行的测定方法检测质控血清，取多次检测结果的平均值作为靶值。

（2）将所有同学的测定值去掉离群点后计算均值作为靶值。判断离群值请参照实验 39"重复性试验"。

4. **计算得分。**

【结果计算】

1. **可接受性判断**　当（测定值−靶值）/靶值×100% 小于某项目的质量要求时，判定该项目可接受，否则为拒绝。

2. **PT 计算公式**

$$\text{某一项目的得分（score）}: S_1 = \frac{\text{该项目的可接受结果数}}{\text{该项目的总测定次数}} \times 100\%$$

$$全部项目的得分: S_2 = \frac{全部项目可接受结果总数}{全部项目总的测定次数} \times 100\%$$

3. 将结果记录于表4-9中。

表4-9　EQA/PT 成绩回报表

质控批号	你室结果	靶值	偏倚/%	评价标准/%	允许范围	评价结果
202X01				±9		
202X02				±9		
202X03				±9		
202X04				±9		
202X05				±9		

测试项目：总胆固醇定量　单位：mmol/L　实验室数：　　　合格情况：

成绩：＿＿＿%（可能为 0, 20%, 40%, 60%, 80% 和 100%）

【实验要求】

$S_1 \geq 80\%$；$S_2 \geq 80\%$。

【能力评定】

1. 室间质量评价提供者应根据室间质量评价计划目标制定有效评定方法并对评定依据进行描述，形成文件。

2. 参加者不能将质评物送至其他实验室进行检测，任一参加者如从其他实验室收到质评物必须通知室间质量评价提供者。当室间质量评价提供者确认某一参加者将质评物送至其他实验室进行检测，则该参加者此轮次室间质量评价成绩为不合格，成绩得分为0。

3. 参加者在规定的质评物检测结果回报截止日期前，未能将质评物检测结果回报给室间质量评价提供者，则本轮次活动该计划的室间质量评价成绩不合格，成绩得分为0。

4. 参加者每轮次活动某一检验项目 PT 成绩未能达到 80%（血型未达到 100%）可接受结果，则本轮次活动该检验项目室间质量评价成绩不合格（微生物学专业除外）。

5. 参加者每轮次活动所有检验项目 PT 总成绩未达到 80%（血型未达到 100%）可接受结果，则本轮次活动该计划室间质量评价成绩不合格。

临床生化检验常规项目分析质量指标可查阅中华人民共和国卫生行业标准 WS/T 403—2024《临床化学检验常用项目分析质量标准》。

【注意事项】

参加 EQA 或 PT 活动，对于实验室的质量管理和能力提升非常重要，以下是一些需要注意的事项：

1. 样品处理　严格按照 EQA/PT 样品处理指南操作，确保样品在运输、存储、准备和分析过程中的完整性不受影响。

2. 记录保存　应将质评物处理、准备、方法、检测和审核等每一步骤形成文件化的记录。所有记录必须保存至少2年。

3. 结果报告　按照规定的时间和格式提交结果，确保信息的准确性和完整性，特别要注意定量检测项目的单位必须填写正确,5个浓度的结果填报顺序确保正确无误。

4. 结果分析 活动结束后,实验室应认真分析自己的结果与公布的中位数或靶值之间的差异,必要时采取改进措施。

【思考题】

1. 为什么要参加 EQA 活动?

2. 如何对室间质量评价的数据进行统计?

3. 如果某项目室间质评成绩为 60%,应该怎么处理?

（宫心鹏）

实验49 测量不确定度实验

测量不确定度(uncertainty of measurement, U)是表征测量结果分散性的一种非负参数,它与测量误差不同,是测量值与其真值之间差异的量化表示。医学实验室测量不确定度分量来源包括(但不限于):①精密度(重复性、实验室内复现性、复现性);②校准(溯源性、值的不确定度、校准方式);③校准值正确性和测量不确定度,校准品与参考物质的互通性;④与样本相关的效应(基体、干扰);⑤试剂、校准品和参考物质的批间差;⑥不同的操作者;⑦器材的变异(如天平、注加器、仪器维护等);⑧环境变化(如温度、湿度、振动、电压等)。

在实验课程中开展测量不确定度的实验,需要学生掌握不确定度的基本概念、评定方法和表达方式,培养学生正确理解和处理实验数据的能力。

【实验目的】

掌握:通过实验数据来计算和表述不确定度。

熟悉:不确定度的评定方法。

了解:测量不确定度的来源及其在实验测量中的重要性。

【实验原理】

偏倚(系统误差)、实验室内测量复现性(随机误差)和标准品的不确定度,是医学实验室分析(测量)过程测量不确定度的最重要的三个分量。首先进行批内重复性试验,即对一份浓度适中的混合血清使用同一测定方法、试剂、标准品和检测设备,在尽可能短的时间内进行20次重复测定,计算出标准差(S)和批内变异系数(CV);再进行正确度验证,求得相对偏倚(B_{rel});最后结合标准品给定的不确定度(u_{cal}),计算出该实验的测量不确定度。

【试剂与仪器】

1. 高密度脂蛋白测定试剂盒及配套标准品(该标准品应具备靶值和不确定度)。

2. 脂类正确度验证物(内含 HDL-C 靶值)。

3. **样本** 制备一份混合血清,分装成20杯(管)。

4. **仪器** 分光光度计或自动生化分析仪。

【操作步骤】

1. 确保操作步骤一致,以减少系统误差。

2. 具体检测方法参照实验32"均相酶比色法测定血清高密度脂蛋白胆固醇"。

3. 进行20次测量,记录数据。

109

4. 进行比对实验：将脂类正确度验证物进行 HDL-C 浓度检测，重复 10 次求均值（$\overline{X}$），与标示的浓度值（D）比较，计算出相对偏倚。

【结果计算】

1. **检查离群值**　处理方法参照实验 39"重复性试验"。

2. 计算均值（$\overline{X}$）、标准差（S）和变异系数（CV）。

3. 与脂类正确度验证物标示的浓度值比较，计算出相对偏倚 B_{rel}。

$$B_{rel} = \frac{\overline{X} - D}{D} \times 100\%$$

4. 计算相对合成标准不确定度（U_{crel}）

$$U_{crel} = \sqrt{CV^2 + B_{rel}^2 + u_{cal}^2}$$

5. 计算相对扩展不确定度（U）

包含因子 $k = 2$（95% 置信水平）

$$U = 2 \times U_{crel}$$

目前我国临床检验报告的形式多为检验项目的测量值。从量值溯源的角度讲，溯源链的每一步都有一个不确定度。因此，检验结果报告可表达为：测量值 ± 不确定度（U）。

【注意事项】

1. 确保实验器材的准确性和稳定性（具备年度校准合格证书）。

2. 注意系统误差的存在，并通过校准或其他方法减小其影响。

3. 在数据处理时，合理使用统计方法。

4. 如果批内重复性不符合要求，需要检查可能的原因，如仪器校准、试剂批次、操作人员技术等，并进行相应的调整或修正。

5. 进行批内重复性试验时，实验室应确保使用的仪器设备、试剂和操作流程都符合标准操作程序（SOP），以获得准确和可靠的结果。

6. 将不确定度试验的所有步骤、结果和分析记录保存于实验室的质量控制文档中，以备查证和审计。

【思考题】

1. 一个医学实验室，如果 IQC 和 EQA 都符合性能要求，有无必要定期评定测量不确定度？

2. 如何通过改进实验方法来减小不确定度？

（宫心鹏）

第五章 临床生物化学检验设计性/创新性实验

临床生物化学检验为临床疾病诊断、病情评估、预后判断和疗效监测等提供重要信息。本章选取具有临床代表性的病例,通过分析解读实验室数据,回顾患者临床诊疗过程,循序渐进,抽丝剥茧,让学生熟悉疾病诊断标准,掌握实验室指标在相应疾病诊断与鉴别诊断中的应用。旨在利用真实检验案例,营造临床诊疗情景,以问题为导向,培养学生的临床检验诊断思维及分析解决问题的能力。

本章需学生接受临床生化检验技术理论及实验操作学习,已掌握一定基本检验知识和基本技能后进行学习。

实验 50　糖尿病的实验诊断

糖尿病(diabetes mellitus,DM)是一组由遗传性及环境因素导致的胰岛素绝对或相对不足,引起的以高血糖为特征,伴随脂代谢、蛋白质代谢、水和电解质平衡紊乱等一系列代谢紊乱的疾病。常用于糖尿病的诊断、鉴别诊断及分型的实验室检测指标包括:血浆/血清葡萄糖、葡萄糖耐量试验、糖化蛋白、血糖调节物和自身抗体等项目。血电解质、血气分析、血/尿酮体和尿白蛋白等检测指标在评估糖尿病急性慢性并发症中具有重要价值。

【实验目标】

知识目标:掌握糖代谢紊乱临床生物化学检测指标的应用;熟悉糖尿病及不同类型糖尿病的诊断标准和鉴别诊断;了解急性慢性并发症的诊断和评估。

能力目标:能够进行糖代谢紊乱检验报告单的解读,综合分析相关实验室检测结果。

素质目标:对常见病多发病有较为深入的了解,培养思考问题、解决问题的能力。

【检测报告单】

患者随机血糖结果为 18.5mmol/L,达到糖尿病诊断标准 11.1mmol/L,实验室是否可凭此结果诊断糖尿病?

【患者信息】

患者,男,15 岁,因"多饮、多尿 1 年余,腹痛及意识不清 2 天"入院。

病史特点:1 年余前,患者出现口干、多饮、多尿症状,伴明显易饥、多食。每日饮用大量含糖饮料及进食较多含糖食物。近 1 年体重无明显增减,平素无心慌、怕热、多汗、手抖不适,无明显视力下降及视野缺损,无肢体麻木,未诊治。2 天前,患者进食 2 块蛋糕后出现腹痛,以脐周为甚,呈剧烈胀痛,至急诊时患者出现肢体抖动、双眼向上凝视、意识不清,急诊予抢救治疗,约 0.5 小时后患者意识转清醒,仍诉腹痛,于消化内科住院。大便常规和隐血试验无异常;全腹部 CT 示中上腹肠管肠壁增厚、下腹部肠管积液较多,胃腔、结肠内容物增多。予降糖、补液、纠正酸中毒、抑酸护胃等治疗后,转内分泌科进一步治疗。

111

入院诊断：①糖尿病酮症酸中毒；②糖尿病待分型。

鉴别诊断：糖尿病高渗性高血糖状态。

【诊疗过程】

1. 糖化血红蛋白（HbA1c）检测结果为 12.9%（参考区间 4%～6%）。

患者随机血糖 18.5mmol/L，大于糖尿病诊断标准 11.1mmol/L，但患者"腹痛、意识不清"，处于应激状态，须在应激消除后复查，以确定糖代谢状态。糖化血红蛋白不受应激、饮食状态影响，可鉴别应激性高血糖和糖尿病，患者 HbA1c 为 12.9%，大于诊断标准 6.5%，结合患者临床症状"多饮、多尿、多食"，可初步诊断为糖尿病。

2. 患者动脉血气分析见表 5-1，显示：pH 下降、PCO_2 下降、实际碳酸氢根下降、碱剩余负值增大，综合分析提示代谢性酸中毒。

表 5-1　患者动脉血气分析

检测项目	结果	提示	参考区间	单位
酸碱度（pH）	7.331	↓	7.350～7.450	
氧分压（PO_2）	102	↑	80～100	mmHg
二氧化碳分压（PCO_2）	27	↓	35～45	mmHg
全血碱剩余（BE）	−10	↓	−3～+3	mmol/L
碳酸氢根（HCO_3^-）	14	↓	22～27	mmol/L
标准碳酸氢根（SBC）	16	↓	22～27	mmol/L
乳酸（LAC）	1.10		0.36～1.25	mmol/L

3. 尿干化学分析、生化检测分别见表 5-2、表 5-3，显示：血糖升高、血酮体（β-HBA）升高，结合尿糖 ++++、尿酮体 +++，可诊断为酮症酸中毒。

表 5-2　患者尿干化学分析

检测项目	结果	提示	参考区间
酸碱度（pH）	6.0		4.5～8.0
隐血（BLD）	阴性		阴性
白细胞（LEU）	阴性		阴性
尿蛋白定性（PRO）	阴性		阴性
尿葡萄糖（GLU）	++++	↑	阴性
酮体定性（KET）	+++	↑	阴性
亚硝酸盐（NIT）	阴性		阴性

表 5-3 患者生化检测

检测项目	结果	提示	参考区间	单位
葡萄糖（GLU）	18.57	↑	3.90～6.10	mmol/L
尿素（UREA）	3.6		3.1～8.0	mmol/L
肌酐（CREA）	53		57～97	μmol/L
估算肾小球滤过率（eGFR）	149.96		≥90.00	ml/（min·1.73m^2）
甘油三酯（TG）	2.05	↑	<1.70	mmol/L
总胆固醇（CHOL）	4.50		<5.20	mmol/L
钠（Na$^+$）	137.7		137.0～147.0	mmol/L
钾（K$^+$）	3.74		3.50～5.30	mmol/L
氯（Cl$^-$）	102.9		99.0～110.0	mmol/L
碳酸氢盐（HCO$_3^-$）	13.1	↓	23.0～29.0	mmol/L
阴离子间隙（AG）	24.5	↑	8.0～16.0	mmol/L
β-羟基丁酸（β-HBA）	6.66	↑	0.03～0.30	mmol/L

鉴别诊断：糖尿病高渗性高血糖状态以"严重高血糖，脱水，高渗透压"为特征，该患者血糖 18.5mmol/L，小于 33.3mmol/L，且血钠、血氯正常，无脱水症状，可排除高渗性高血糖状态；患者血气乳酸正常，可排除乳酸酸中毒。

4. 为进一步对糖尿病进行分型，进行 C-肽及自身抗体检测，结果见表 5-4。

表 5-4 患者 C-肽及自身抗体检测

检测项目	结果	提示	参考区间	单位
空腹 C-肽（CP0）	0.2	↓	0.3～1.3	nmol/L
谷氨酸脱羧酶抗体（GADA）	52	↑	<10	IU/ml
胰岛素自身抗体（IAA）	0.3		<1.0	COI
蛋白酪氨酸磷酸酶抗体（IA-2A）	2		<10	IU/ml
胰岛细胞抗体（ICA）	0.2		<1.0	COI
锌转运蛋白 8 抗体（ZnT8A）	<1		<10	AU/ml

空腹 C-肽显著降低，提示其胰岛 β 细胞功能降低；胰岛自身抗体谷氨酸脱羧酶抗体（GADA）升高，提示有自身免疫损害。结合患者发病年龄小，"三多一少"症状明显，并以酮症酸中毒发病，支持 1 型糖尿病诊断。

入院后给予糖尿病饮食、静脉补液、胰岛素降糖、纠正酮症治疗后好转出院。

【糖尿病相关知识】

1. 糖尿病的诊断 　根据《中国糖尿病防治指南（2024 版）》，糖尿病诊断标准为：典型糖尿病症状（烦渴多饮、多尿、多食，不明原因体重下降），满足随机血糖≥11.1mmol/L，或空腹血糖≥7.0mmol/L，或 OGTT 2 小时血糖≥11.1mmol/L，或 HbA1c≥6.5%，可诊断为糖尿病。如果缺乏典型的糖尿病临床症状，则需同一时间点的两个血糖指标或两个时间点的血糖指标达到或超过诊断切点（不包括随机血糖）方可诊断为糖尿病。

2. 糖尿病的分型 根据 WHO（2019 年）糖尿病分型体系，按病因可将糖尿病分为六种类型，即 1 型糖尿病（T1DM）、2 型糖尿病（T2DM）、混合型糖尿病、其他特殊类型糖尿病、未分类糖尿病和妊娠期首次检查高血糖症。

T1DM 和 T2DM 鉴别诊断：①根据临床特征，T1DM 年龄通常小于 20 岁，"三多一少"症状明显，常以酮症或酮症酸中毒起病，非肥胖体型，空腹或餐后血清 C- 肽浓度明显降低，依赖胰岛素治疗，胰岛自身免疫标志物阳性。② T2DM 通常见于肥胖的中老年人，缓慢发病，早期无明显临床表现，不易出现酮症。

3. 糖尿病急性并发症 糖尿病患者急性并发症包括：低血糖、糖尿病酮症酸中毒（DKA）、高渗性高血糖状态（HHS）等。

低血糖是糖尿病患者最常见的急性并发症。对非糖尿病患者来说，低血糖症的诊断标准为血糖 <2.8mmol/L，而接受药物治疗的糖尿病患者只要血糖 <3.9mmol/L 就属于低血糖。糖尿病患者出现低血糖常见于胰岛素及胰岛素促泌剂使用不当、呕吐腹泻、食物摄入减少、运动增加等情况。

糖尿病酮症酸中毒（DKA）是由于胰岛素不足和升糖激素不适当升高引起的糖、脂肪和蛋白质代谢严重紊乱综合征，临床以高血糖、高血酮和代谢性酸中毒为主要特征。糖尿病酮症酸中毒（DKA）诊断标准：①血酮体升高（血酮体≥3mmol/L）或尿糖和酮体阳性（++ 以上）伴血糖增高（血糖≥11.1mmol/L）；②血 pH（pH<7.3）和 / 或二氧化碳结合力降低（HCO_3^-<18mmol/L），可诊断为 DKA。

高渗性高血糖状态（HHS）是糖尿病的严重急性并发症之一，临床以严重高血糖而无明显 DKA、血浆渗透压显著升高、脱水和意识障碍为特征。HHS 的实验室诊断参考标准：①血糖≥33.3mmol/L 且有效血浆渗透压≥320mOsm/L；②血清 HCO_3^-≥18mmol/L 或动脉血 pH≥7.30；③尿糖呈强阳性，而血酮体及尿酮阴性或为弱阳性；阴离子间隙 <12mmol/L。

【思考题】

1. 酮体包括哪些成分？实验室尿酮体和血酮体分别检测的是什么？如果尿酮体和血酮体结果不符，应如何判断？

2. 糖尿病肾病是糖尿病常见慢性并发症，实验室可通过哪些指标筛查？

（宋昊岚）

实验 51 肝胆疾病的实验诊断

肝脏是人体最大的实质性器官，在糖类、脂类、蛋白质、维生素和激素等物质代谢中发挥重要作用，具有生物转化、分泌、排泄等重要功能。肝功能检查包括蛋白质、酶学、胆红素和胆汁酸等指标，可用于了解肝脏损伤程度、判断肝功能状态、寻找肝胆疾病的病因和病原、观察病情及评估预后。

【实验目标】

知识目标：掌握肝胆疾病临床生物化学检测指标的应用；熟悉急慢性肝炎、肝硬化、肝癌等疾病的常见异常指标。

能力目标：能够进行肝功能生化报告单的解读，综合分析肝胆疾病相关实验室结果。

素质目标：以患者为中心，探究病情真相，拓展相关知识。

【检测报告单】

表 5-5 为患者生化报告单，可见转氨酶升高、胆红素升高、白蛋白降低，提示该患者肝功能如何？为进一步明确诊断及评估病情，还需进行哪些检测？

表 5-5 患者生化检测结果

项目	结果	提示	单位	参考区间
总胆红素（TBIL）	307.3	↑	μmol/L	3.4～17.1
结合胆红素（CB）	254.2	↑	μmol/L	0～6.8
丙氨酸转氨酶（ALT）	24		U/L	7～40
天冬氨酸转氨酶（AST）	120	↑	U/L	13～35
总蛋白（TP）	57.8	↓	g/L	65.0～85.0
白蛋白（ALB）	23.9	↓	g/L	40.0～55.0
γ-谷氨酰转移酶（GGT）	110	↑	U/L	7～45
碱性磷酸酶（ALP）	323	↑	U/L	50～135
乳酸脱氢酶（LD）	221		U/L	120～250
总胆汁酸（TBA）	68	↑	μmol/L	0～10

【患者信息】

患者，女，71 岁，因"反复皮肤瘙痒黄染 2 年，伴腹胀、双下肢水肿 4 个月"入院。

病史特点：患者 2 年多前无明显诱因出现皮肤巩膜黄染，伴有间断瘙痒、乏力、食欲减退，厌油，无发热、呕吐及血便。当地医院就诊后诊断为"肝功能不全"，予输液治疗（具体不详）可缓解，皮肤黄染反复发作。4 个月前皮肤巩膜黄染加重伴腹胀及双下肢水肿。患病以来反复出现口腔溃疡，关节疼痛，以大关节为主，院外曾诊为"风湿性关节炎"，患者无烟酒嗜好、长期用药及肝炎史。入院查体示 T 37.1℃、P 88 次 /min、R 20 次 /min、BP 117/62mmHg。皮肤黄染，双下肢中度凹陷性水肿，无肝掌及蜘蛛痣，心肺（−），腹膨隆，蛙状腹，腹围 88cm，肝脾触诊不理想，墨菲（Murphy）征（+），移动性浊音（+），肠鸣音减弱。腹部平扫 CT 示：肝脏密度增高，无明显胆管扩张，十二指肠降段憩室。

入院诊断：①慢性肝病；②肝硬化腹水。

鉴别诊断：药物性肝硬化。

【诊疗过程】

1. 该患者 AST 明显升高，ALT 正常，AST/ALT 大于 2，提示肝细胞损伤严重；TP、ALB 降低，A/G 降低，提示肝脏合成功能降低；胆红素显著升高，且以结合胆红素升高为主，提示黄疸可能为梗阻性或肝细胞性；ALP 显著升高，结合 GGT 升高，提示胆汁淤积。

2. 患者同期进行血常规、凝血常规及尿常规检测，因患者出现腹水，临床抽取腹水检测。

（1）患者血常规见表 5-6，提示 RBC、HGB 降低，中度贫血，PLT 减少。患者无血液系统疾病，肝硬化、脾功亢进可能是患者贫血、PLT 减少的主要原因。

表 5-6　患者血常规

项目	结果	提示	单位	参考区间
红细胞计数（RBC）	1.8	↓	10^{12}/L	3.8～5.1
血红蛋白（HGB）	68	↓	g/L	115～150
血小板计数（PLT）	61	↓	10^9/L	125～350
白细胞计数（WBC）	4.7		10^9/L	3.5～9.5

（2）患者凝血常规见表 5-7，PT、APTT 延长，提示肝脏合成功能受损，凝血因子异常。

表 5-7　患者凝血常规

项目	结果	提示	单位	参考区间
凝血酶原时间（PT）	20.9	↑	s	11～14
国际标准化比值（INR）	1.88	↑		0.88～1.15
活化部分凝血活酶时间（APTT）	43.0	↑	s	30～42

（3）患者尿常规见表 5-8，尿胆红素 +++、尿胆原 +，提示存在梗阻性黄疸。

表 5-8　患者尿液干化学检测

项目	结果	提示	参考区间
比重	1.006		1.003～1.030
酸碱度（pH）	6.5		4.5～8.0
隐血（BLD）	阴性		阴性
白细胞（LEU）	阴性		阴性
尿蛋白定性（PRO）	阴性		阴性
尿葡萄糖（GLU）	阴性		阴性
尿胆原定性（UBG）	+	↑	阴性
尿胆红素定性（BIL）	+++	↑	阴性
酮体定性（KET）	阴性		阴性
亚硝酸盐（NIT）	阴性		阴性

（4）患者腹水常规：黄色清澈，无凝块，有核细胞 60×10^6/L（单个核细胞 87%、多个核细胞 13%），红细胞 530×10^6/L，无脓细胞。腹水生化：总蛋白（TP）7.6g/L、白蛋白（ALB）3.7g/L，葡萄糖（GLU）4.9mmol/L。腹水检测结果显示：单个核细胞占多数，无脓细胞，蛋白含量低，葡萄糖含量与血液水平一致，提示为漏出液。

116

综上，结合患者生化、尿常规、凝血常规结果，提示患者存在胆汁淤积且肝细胞损害严重，肝脏合成功能下降，为肝硬化失代偿期。

3. 为查找肝硬化病因，进一步进行以下实验室检查。

（1）肝炎病毒实验室检测：乙肝表面抗体（+），余皆（-）；丙肝抗体（-），结合患者无肝炎患病史，排除乙肝、丙肝病毒感染造成的慢性肝损伤及梗阻。

（2）甲胎蛋白（AFP）：1.71ng/ml（参考区间：≤7ng/ml），结合影像学资料初步排除肝癌或占位性疾病导致的肝脏损害及梗阻。

（3）患者无烟酒嗜好、长期用药史，排除药物性及酒精性肝损伤。

4. 因患者患病以来"反复出现口腔溃疡，关节疼痛，以大关节为主"，为进一步查找肝硬化原因，进行以下免疫学检测，见表 5-9。患者抗线粒体 M2 抗体、抗核抗体阳性，提示患自身免疫疾病。

表 5-9　患者免疫学检测

项目	结果	提示	单位	参考区间
IgG	20.0	↑	g/L	8.0～15.0
IgA	5.2	↑	g/L	0.7～3.5
IgM	5.50	↑	g/L	0.5～2.6
IgE	70		IU/ml	<100
补体 C3	0.47	↓	g/L	0.80～1.50
补体 C4	0.08	↓	g/L	0.20～0.60
类风湿因子（RF）	42.4	↑	IU/ml	<20.0
循环免疫复合物（CIC）	0.17	↑	O.D	<0.15
抗线粒体 M2 抗体	+	↑		阴性（-）
抗核抗体（ANA）	（+++）1∶3 200 胞质型	↑		阴性（-）

结合该患者病史、症状及影像学未查见结石、占位等其他原因造成的肝外胆管梗阻及胆汁淤积，支持诊断为"原发性胆汁性胆管炎"。

【原发性胆汁性胆管炎相关知识】

1. 原发性胆汁性胆管炎（primary biliary cholangitis，PBC）是一种慢性自身免疫性肝内胆汁淤积性疾病，多见于中老年女性，常见临床表现为乏力和皮肤瘙痒，失代偿期可出现消化道出血、腹水、肝性脑病等症状；生化指标特点是血清 ALP、GGT 升高，免疫学特点是抗线粒体抗体（AMA）阳性，血清免疫球蛋白 M 升高，病理学特点是非化脓性破坏性小胆管炎。

根据 2021 年中华医学会肝病学分会《原发性胆汁性胆管炎的诊断和治疗指南（2021）》，PBC 的诊断标准需依据生物化学、免疫学、影像学及组织学检查进行综合评估，满足以下 3 条标准中的 2 条即可诊断：①存在胆汁淤积的生物化学证据（ALP 和 GGT 升高），且影像学排除肝外或肝内大胆管梗阻；② AMA/AMA-M2 抗体阳性，或其他自身抗体阳性；③组织学上有非化脓性破坏性胆管炎和小胆管破坏的证据。

PBC 的鉴别诊断：应鉴别其他原因导致的肝外或肝内胆汁淤积，如结石、炎性狭窄或肿瘤引起的肝外或肝内大胆管梗阻，一般经超声、CT、MRI 等影像资料可区分。

2. 抗线粒体抗体（AMA）　血清 AMA 是诊断 PBC 的特异性标志物，尤其是 AMA-M2 亚型，诊断本病的敏感度和特异度达 90%～95%。但是，AMA 阳性也可见于各种肝内及肝外疾病，如自身免疫性肝炎、慢性丙型肝炎、各种原因所致急性肝衰竭、系统性红斑狼疮、干燥综合征和慢性细菌感染等。

【肝胆疾病相关实验室指标】

肝胆疾病生化指标通常用于评估肝脏损伤程度、寻找病因及评估预后等，可分为以下几类：①肝实质损伤：胆红素（TB、CB）、转氨酶（ALT、AST）、血清蛋白（ALB、TP）；②胆道梗阻：胆红素（TB、CB）、碱性磷酸酶（ALP）、γ- 谷氨酰转移酶（GGT）；③蛋白质合成障碍：白蛋白（ALB）、血浆凝血酶原时间（PT）、血清胆碱酯酶（CHE）；④肝纤维化：单胺氧化酶（MAO）。

（1）转氨酶（ALT，AST）：是反映肝细胞损伤的灵敏指标，急性肝损伤时 ALT、AST 活性显著升高；肝纤维化时，AST/ALT 大于等于 2；重症肝炎患者可出现 ALT 进行性下降，胆红素持续升高的"酶胆分离"现象。

（2）γ- 谷氨酰转移酶（GGT）：慢性肝炎、嗜酒者血清 GGT 通常升高，胆道阻塞性肝病患者 GGT 活性升高。

（3）碱性磷酸酶（ALP）：ALP 主要反映胆汁淤积，其活性升高多见于胆管梗阻、肝癌、肝纤维化和毛细管肝炎等。除了肝胆疾病，ALP 升高也可见于妊娠、儿童生长期、骨骼疾病及部分肿瘤。若 ALP 和 GGT 同时升高，可确认存在肝细胞和胆管细胞损伤。ALP 升高如不合并 GGT 升高，常可排除肝源性疾病。

（4）胆红素（BIL）：是判断临床黄疸的重要依据，可通过结合胆红素、非结合胆红素及尿中胆红素尿胆原等判断黄疸原因。胆汁淤积和肝细胞病变可引起胆红素升高，以结合胆红素升高为主。

（5）蛋白质合成功能：反映蛋白质合成功能的指标有白蛋白（ALB）、前白蛋白（PA）、胆碱酯酶（CHE）、凝血酶原时间（PT），它们都由肝细胞合成，当肝细胞合成功能下降时，以上指标在血液中浓度降低。

（6）甲胎蛋白（AFP）：甲胎蛋白是临床辅助诊断原发性肝癌的特异性标志物，排除妊娠或生殖腺胚胎瘤基础上，AFP>400ng/ml，或 AFP 持续升高，应高度怀疑原发性肝癌。

（7）血氨（AMON）：血氨反映氨基酸代谢能力，一般肝炎患者血氨正常或轻微增高；重症肝病患者，尤其是肝性脑病，血氨显著增高。

（8）肝硬化患者如有腹水，腹水常规及生化检测可帮助判断是漏出性还是渗出性。

【思考题】

1. 如何通过实验室指标鉴别黄疸原因？
2. 肝硬化的常见病因有哪些，如何进行鉴别诊断？

（宋昊岚）

实验52　肾脏疾病的实验诊断

肾脏疾病是指影响肾脏结构和功能的一类疾病，涉及肾小球、肾小管、肾间质等不同部位。常见的包括急性肾损伤（acute kidney injury，AKI）、慢性肾脏病（chronic kidney disease，CKD）、肾小球疾病、肾小管疾病和遗传性肾脏疾病等。其诊断通常需要进行病史询问、体格检查、尿液分析、血液检查、肾脏影像学检查等。下面以肾病综合征为例，学习肾脏疾病的诊断与鉴别诊断。

【实验目标】

知识目标：掌握肾脏疾病临床生物学检测指标的应用；熟悉肾病综合征的诊断标准；了解肾脏疾病的实验室检测路径。

能力目标：学会解读检测报告单，综合分析肾脏疾病相关实验室检测结果。

素质目标：以患者诊疗为中心，树立良好的世界观、价值观和人生观，用专业知识服务社会。

【检测报告单】

表 5-10 是患者的生化检测结果，多项指标异常，TP 和 ALB 明显降低，而 PA 在参考区间内。此外，CHOL、TG、LDL-C、CHE 明显增高，何故？

表 5-10　患者生化检测结果

检测项目	结果	提示	参考区间	单位
天冬氨酸转氨酶（AST）	22		15～40	U/L
丙氨酸转氨酶（ALT）	19		9～50	U/L
γ- 谷氨酰转移酶（GGT）	54		10～60	U/L
碱性磷酸酶（ALP）	74		45～125	U/L
前白蛋白（PA）	369		200～430	mg/L
总蛋白（TP）	40.8	↓	65.0～85.0	g/L
白蛋白（ALB）	15.7	↓	40.0～55.0	g/L
胆碱酯酶（CHE）	13 299	↑	4 000～12 600	U/L
尿素（UREA）	11.21	↑	3.6～9.5	mmol/L
肌酐（CREA）	64		57～111	μmol/L
尿酸（UA）	369		210～420	μmol/L
胱抑素 C（Cys C）	1.26		0.6～2.5	mg/L
肾小球滤过率（eGFR）	117.23		80～120	ml/min
葡萄糖（GLU）	4.7		3.9～6.1	mmol/L
总胆固醇（CHOL）	11.96	↑	<5.2	mmol/L
甘油三酯（TG）	9.12	↑	<1.70	mmol/L

续表

检测项目	结果	提示	参考区间	单位
高密度脂蛋白胆固醇（HDL-C）	1.34		1.03～2.07	mmol/L
低密度脂蛋白胆固醇（LDL-C）	5.13	↑	<3.4	mmol/L
钾（K^+）	3.80		3.50～5.30	mmol/L
钠（Na^+）	144.0		137.0～147.0	mmol/L
氯（Cl^-）	107.0		99.0～110.0	mmol/L
镁（Mg）	0.87		0.75～1.02	mmol/L
钙（Ca）	2.23		2.11～2.52	mmol/L
无机磷（IP）	1.03		0.85～1.51	mmol/L
碳酸氢根（HCO_3^-）	28.7		23.0～29.0	mmol/L

【患者信息】

患者，男，61岁，已婚，汉族。因"双下肢水肿7个月余，颜面部水肿5个月"于2024年1月25日入院。

病史特点：①患者健康状况良好，否认肝炎、结核等传染病史，否认高血压、糖尿病、癫痫等慢性病史，否认手术、外伤、输血史，否认食物、药物过敏史，预防接种史不详。②7个月前，患者无明显诱因出现双下肢水肿，5个月前于当地医院就诊，查尿常规：尿蛋白++，尿潜血++；生化：白蛋白20.7g/L；24小时尿蛋白定量9 330mg/24h；予以对症治疗，双下肢水肿较前减轻。为进一步诊治，于2023年8月23日至某医院行肾穿刺活检术，术后病理结果显示：符合膜性肾病（Ⅱ期）。排除禁忌于2023年8—11月行7次环磷酰胺治疗。现患者为进一步治疗入院。病程中患者腹胀，无恶心呕吐，无咳嗽、咳痰，饮食睡眠可，大小便未见明显异常，体重稍有增加。③查体：双侧眼睑及颜面部无水肿；双肾区无隆起、无红肿、未触及；双侧肋脊点、肋腰点无压痛及叩痛，双侧上、中输尿管点无压痛；脐周及肾区未闻及明显血管杂音，膀胱区无隆起、无压痛、未触及明显包块、叩诊无浊音，双下肢轻度凹陷性水肿。

入院诊断：肾病综合征。

鉴别诊断：①紫癜性肾炎：患者双下肢无紫癜出现，紫癜性肾炎不支持；②乙肝病毒相关性肾炎：患者否认乙肝病史，外院病毒全套检查阴性，不支持；③狼疮性肾炎：患者无面部红斑，无关节痛、骨痛，完善自身免疫系列检查予以明确。

【诊疗过程】

1. 患者尿液分析结果见表5-11，尿蛋白++++、尿隐血++。

2. 患者24小时尿蛋白定量18 730mg/24h（参考区间≤150mg/24h），显著增高。

3. 凝血功能检测见表5-12，APTT缩短、FIB升高，提示患者血液高凝状态；D-D和FDP升高，提示纤溶亢进。

表 5-11　患者尿液干化学和尿沉渣定量分析结果

检测项目	结果	参考区间	单位
尿干化学			
尿胆原（UBG）	阴性（−）	阴性（−）	
尿糖（GLU）	阴性（−）	阴性（−）	
比重（SG）	1.027	1.003～1.030	
尿亚硝酸盐（NIT）	阴性（−）	阴性（−）	
尿蛋白（PRO）	++++	阴性（−）	
尿酮体（KET）	阴性（−）	阴性（−）	
尿酸碱度（pH）	5.5	4.5～8.0	
尿隐血（BLD）	++	阴性（−）	
尿沉渣定量			
白细胞（WBC）	8.00	0.0～13.0	个/μl
红细胞（RBC）	32.00	0.0～18.00	个/μl
上皮细胞（EC）	10.50	0.0～40.00	个/μl
细菌（BACT）	7		个/μl
管型（CAST）	2.72	0.00～3.00	个/μl

表 5-12　患者凝血功能检测结果

检测项目	结果	提示	参考区间	单位
凝血酶原时间（PT）	10.0		11～14	s
活化部分凝血活酶时间（APTT）	19.6	↓	30～42	s
纤维蛋白原（FIB）	5.340	↑	2～4	g/L
凝血酶时间（TT）	15.5		10.0～21.0	s
D-二聚体（仪器法）（D-D）	4.56	↑	0.00～0.50	μg/ml
纤维蛋白原降解产物（FDP）	11.90	↑	<5.00	mg/L

4. 进一步血清免疫球蛋白检测见表 5-13，IgG、IgA 降低。

表 5-13　血清免疫球蛋白检测结果

检测项目	结果	提示	参考区间	单位
免疫球蛋白 G（IgG）	3.65	↓	8～15	g/L
免疫球蛋白 A（IgA）	0.66	↓	0.7～3.5	g/L
免疫球蛋白 M（IgM）	0.666		0.5～2.6	g/L
补体 C3（C3）	1.383		0.80～1.50	g/L
补体 C4（C4）	0.364		0.20～0.60	g/L

5. 自身免疫系列检测未见明显异常,排除狼疮性肾炎等自身免疫性疾病引起的肾损害。

6. 患者 A/G 0.63,降低,结合患者年龄,主治医生申请了血清蛋白电泳(图 5-1),α_2- 球蛋白明显增高,符合肾病综合征表现。

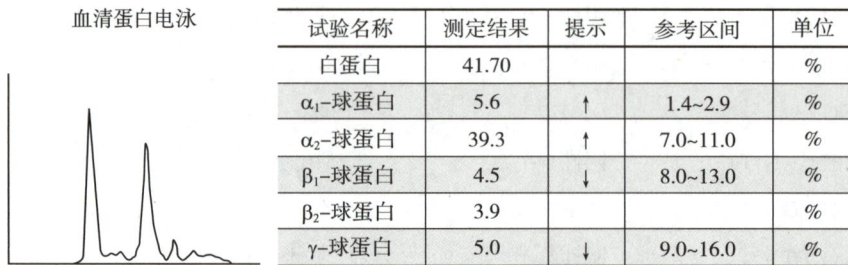

血清蛋白电泳

试验名称	测定结果	提示	参考区间	单位
白蛋白	41.70			%
α_1-球蛋白	5.6	↑	1.4~2.9	%
α_2-球蛋白	39.3	↑	7.0~11.0	%
β_1-球蛋白	4.5	↓	8.0~13.0	%
β_2-球蛋白	3.9			%
γ-球蛋白	5.0	↓	9.0~16.0	%

图 5-1 患者的血清蛋白电泳

根据患者病史及入院后的系列实验室检查,肾病综合征诊断明确。

【肾病综合征相关知识】

肾病综合征(nephrotic syndrome,NS)是由多种病因引起,以肾小球基膜通透性增加伴肾小球滤过率降低等肾小球病变为主的一组临床综合征,最基本的特征是大量蛋白尿、低蛋白血症、(高度)水肿和高脂血症,即所谓的"三高一低"。

怀疑患有 NS 时,为明确诊断,应做的检查为:①尿液分析,尿蛋白定性、尿沉渣镜检;②24 小时尿蛋白定量;③血清蛋白测定;④血脂检测。

为进一步评估肾功能是否受损或受损程度,制定相应治疗方案,可视具体情况做如下检查:①肾功能:尿素、肌酐用来了解肾功能是否受损及其程度。②电解质及碳酸氢根:评估是否存在电解质紊乱及酸碱平衡失调,以便及时纠正。③凝血功能:评估血液的高凝状态。④根据需要选用项目:血清补体、血清免疫球蛋白、选择性蛋白尿指数、尿蛋白电泳、尿 C3、尿纤维蛋白降解产物、尿酶、血清抗肾抗体及肾穿刺活组织检查等。

NS 的诊断标准:①尿蛋白大于 3.5g/24h;②血浆白蛋白低于 30g/L;③水肿;④高脂血症。其中①②两项为诊断必备项。

NS 的治疗包含:①病因治疗:糖皮质激素、细胞毒性药物(环磷酰胺等)、环孢霉素 A(CyA)、中医中药综合治疗等。②对症治疗:低白蛋白血症治疗(饮食、静脉滴注白蛋白)、水肿治疗(限钠、利尿剂应用)、高凝状态治疗[肝素、尿激酶(UK)、华法林、双嘧达莫等]、高脂血症治疗。

【思考题】

1. 试述肾病综合征患者血清蛋白电泳特点。
2. 试述肾病综合征患者胆碱酯酶增高的可能机制。
3. 试述肾病综合征患者脂代谢紊乱的可能机制。

(李洪春)

实验 53　胰腺炎的实验诊断

胰腺是人体的重要器官,分为内分泌腺和外分泌腺两部分,分泌胰液、胰岛素和胰高血糖素等,主要参与糖、脂肪和蛋白质代谢。胰腺炎(pancreatitis,P)是因胰酶异常激活导致胰腺及周围脏器自身消化而引起的炎症性疾病,可分为急性胰腺炎(acute pancreatitis,AP)和慢性胰腺炎(chronic pancreatitis,CP)。胰腺炎的诊断通常需要结合病史询问、体格检查、实验室检查和影像学检查等。下面以急性胰腺炎为例,学习胰腺炎的实验诊断。

【实验目标】

知识目标:掌握胰腺炎实验室检测指标的应用;熟悉急性胰腺炎的诊断标准;了解急性胰腺炎实验室检测路径。

能力目标:结合临床病例,学会解读检测报告单,综合分析急性胰腺炎相关实验室检测结果。

素质目标:追本溯源,培养科学探索精神,提高自主学习能力。

【检测报告单】

表 5-14 是患者生化检测结果,多项指标异常。

表 5-14 患者生化检测结果

检测项目	结果	提示	参考区间	单位
总蛋白(TP)	60.3	↓	65.0～85.0	g/L
白蛋白(ALB)	32.7	↓	40.0～55.0	g/L
总胆红素(TBIL)	5.8		3.4～17.1	μmol/L
结合胆红素(CB)	2.7		0～6.8	μmol/L
丙氨酸转氨酶(ALT)	21		7～40	U/L
天冬氨酸转氨酶(AST)	83	↑	13～35	U/L
钾(K$^+$)	4.63		3.50～5.30	mmol/L
钠(Na$^+$)	131.4	↓	137.0～147.0	mmol/L
氯(Cl$^-$)	103.9		99.0～110.0	mmol/L
钙(Ca)	1.66	↓	2.11～2.52	mmol/L
尿素(UREA)	6.54		2.60～7.50	mmol/L
肌酐(CREA)	184	↑	41～73	μmol/L
尿酸(UA)	455	↑	150～350	μmol/L
葡萄糖(GLU)	11.99	↑	3.90～6.10	mmol/L
总胆固醇(CHOL)	5.15		<5.20	mmol/L
甘油三酯(TG)	14.25	↑	<1.70	mmol/L
高密度脂蛋白胆固醇(HDL-C)	0.97	↓	1.03～2.07	mmol/L
低密度脂蛋白胆固醇(LDL-C)	2.76		<3.40	mmol/L
肌酸激酶(CK)	1 849	↑	40～200	U/L
肌酸激酶同工酶 MB(CK-MB)	64	↑	<25	U/L

续表

检测项目	结果	提示	参考区间	单位
乳酸脱氢酶（LD）	1 191	↑	120～250	U/L
肌红蛋白（Mb）	1 104.2	↑	<75.0	ng/ml
淀粉酶（AMY）	1 451	↑	35～135	U/L
胰淀粉酶（PAMY）	1 374	↑	13～53	U/L
脂肪酶（LPS）	2 191	↑	<79	U/L
β-羟丁酸（β-HBA）	2.72	↑	0.03～0.30	mmol/L
乳酸（LAC）	6.42	↑	0.9～1.7	mmol/L
碳酸氢根（HCO_3^-）	14.8	↓	23.0～29.0	mmol/L
C反应蛋白（CRP）	352.8	↑	<6.0	mg/L

根据该单位检测项目危急值设定标准，血清淀粉酶危急值为>390U/L，该患者血清淀粉酶1 451U/L属于危急值。按照危急值报告程序，除查看标本状态（无溶血）、血清淀粉酶室内质量控制（在控）、是否更换试剂（无）和核对标本信息（无误）外，为了排除偶然误差，将标本复测，结果为1 456U/L。该患者的血清淀粉酶属于真危急值，按照该单位危急值报告流程，报告了危急值。

从表5-14上看，Ca明显降低，CREA、GLU、CK、CK-MB、LD、CRP和Mb明显增高。那么，是什么原因引起上述指标异常？

【患者信息】

患者，女，33岁，已婚，汉族。因"全腹痛2天"入院。

病史特点：①2天前进食油腻食物后突然出现剑突下疼痛，后遍及全腹，呈持续性胀痛，无放射痛，休息后不能缓解，伴恶心、呕吐，呕吐物为胃内容物，呕吐后腹痛无明显缓解。于当地医院就诊后症状无明显好转，为求进一步诊治，遂于某院急诊就诊。②既往无肝炎史，无冠心病和糖尿病病史。③查体T 36.5℃，P 120次/min，R 31次/min，BP 90/71mmHg；急性痛苦面容，精神欠佳，皮肤巩膜无黄染；心率120次/min，律齐，心音正常，各瓣膜听诊区未闻及病理性杂音；双肺呼吸音清，未闻及干湿性啰音。全腹压痛及腹肌紧张，上腹部可疑反跳痛；未触及腹部包块，肝、脾肋缘下未触及；墨菲征阴性，肝区及双肾区无叩击痛，麦氏点无压痛；腹部移动性浊音阴性，肠鸣音消失；双下肢无水肿。④辅助检查心电图示窦性心动过速、QT间期延长。胸部增强CT示双肺下叶少许坠积性炎症，双肺少许慢性炎症及纤维灶。全腹部增强CT示胰腺体部见斑片状稍低密度灶，胰周见大片状、条絮状低密度渗出影；胃窦及幽门壁、十二指肠肠壁水肿；腹盆腔积液。

入院诊断：①重症急性胰腺炎（脂源性）；②高甘油三酯血症；③坠积性肺炎。

鉴别诊断：①急性消化道溃疡穿孔：患者无消化道溃疡病史，腹部CT无膈下游离气体，故可排除；②消化道溃疡：疼痛具有长期性、周期性、规律性三大特点，并与进食有关，故可排除；③输尿管结石：下腹部压痛，肾区有叩击痛，一般无腹膜炎表现，故可排除。上述疾病可以引起血清淀粉酶增高，但一般不超过参考区间上限的2倍。

【诊疗过程】

1. 患者 PCT、IL-6、hs-cTnT、NT-proBNP、FIB、D-D、WBC 和 NEUT% 增高（表5-15）。

表5-15　患者 PCT、IL-6 和 hs-cTnT 等检测结果

检测项目	结果	提示	参考区间	单位
降钙素原（PCT）	9.70	↑	<0.15	ng/ml
白介素6（IL-6）	1 629	↑	<7	pg/ml
高敏肌钙蛋白 T（hs-cTnT）	90	↑	<14	ng/L
N-末端 B 型利钠肽前体（NT-proBNP）	11 600	↑	<125	pg/ml
纤维蛋白原（FIB）	6.43	↑	2.00～4.00	g/L
D-二聚体（D-D）	3.98	↑	<0.5	mg/L
白细胞计数（WBC）	13.4	↑	3.5～9.5	10^9/L
中性粒细胞比率（NEUT%）	78.2		50.0～70.0	%

2. 接到危急值报告后，结合体征、影像学和实验室检查结果，考虑为重症胰腺炎，给予禁食禁饮、胃肠减压、抗感染、解痉止痛、抑酸护胃、抑制胰腺分泌和补液维持水电解质、酸碱平衡等对症支持治疗。

3. 重症胰腺炎时胰液外溢刺激腹膜引起剧烈腹痛，呕吐造成体液丢失和电解质紊乱，腹腔内体液积蓄导致有效循环血量急剧下降引起脏器供血不足，胰酶、激肽和补体等损害血管内皮细胞和微循环导致凝血纤溶功能紊乱和出血坏死；其病理生理改变包括白细胞趋化、活性物质释放、氧化应激、微循环障碍、细菌易位等。重症胰腺炎时出现全身炎症反应，可引起呼吸功能、心脏和肾脏等功能损害，CRP、CK、CK-MB、LD、Mb、NT-proBNP、CREA、PCT、IL-6 等指标可出现异常。胰腺坏死、胰岛素释放减少等引起 GLU 升高；胰腺坏死、钙内流入腺泡细胞等引起钙降低；腹内压升高、腹腔器官灌注不足等引起 LAC 增高。

4. 经有效治疗后，患者血淀粉酶、胰淀粉酶和脂肪酶逐日下降（表5-16）；心脏和肾脏功能逐渐恢复，心肌酶、肌红蛋白和肌酐逐渐下降（表5-17）。

表5-16　不同时间点患者血淀粉酶、胰淀粉酶和脂肪酶检测结果

检测项目	单位	入院当日 15时	入院当日 17时	入院 第二日	入院 第三日	入院 第四日	入院 第五日	入院 第六日
淀粉酶	U/L	1 451	1 197	306	206	165	47	42
胰淀粉酶	U/L	1 374	1 158	287	184	145	33	21
脂肪酶	U/L	2 191	1 937	720	209	163	59	44

表5-17 不同时间点患者心肌酶学、肌红蛋白和肌酐检测结果

检测项目	单位	入院当日15时	入院当日17时	入院第二日
乳酸脱氢酶	U/L	1 191	1 076	939
肌酸激酶	U/L	1 849	1 633	1 264
肌酸激酶同工酶MB	U/L	64	60	30
肌红蛋白	ng/ml	1 104.2	817.7	305.8
肌酐	μmol/L	184	162	130

【急性胰腺炎相关知识】

急性胰腺炎是指多种病因引起胰腺分泌的消化酶在胰腺内激活，继以胰腺及胰周围组织出现水肿、出血和坏死等炎症性损伤的疾病。临床上常以急性上腹部疼痛、发热、恶心、呕吐和血清淀粉酶或脂肪酶升高为特点，轻者导致胰腺水肿，严重时除胰腺局部发生出血和坏死外，可引起全身炎症反应综合征，甚至出现多器官功能障碍。

高脂血症胰腺炎又称高甘油三酯血症性胰腺炎，指由高脂血症所引起的胰腺炎，急性胰腺炎合并 TG≥11.30mmol/L 或 TG 介于 5.65～11.30mmol/L 之间但血清呈乳糜状即可明确诊断。高脂血症急性胰腺炎患者发生全身炎症反应综合征、多器官功能衰竭的风险更高，与其他病因所引起的急性胰腺炎相比具有年轻化、重症化和易复发等特点。

诊断急性胰腺炎需要至少符合以下三条标准中任意两条：①中上腹部持续剧烈疼痛；②血清淀粉酶和/或脂肪酶增高（高于正常参考区间上限的3倍）；③腹部影像学的典型表现（胰腺水肿、坏死和/或胰腺周围渗出积液、坏死等）。

怀疑患有急性胰腺炎时，为了明确诊断和评估病情严重程度，可视具体情况做如下实验室检查：①淀粉酶和脂肪酶：血清淀粉酶于发病后8～12小时开始升高，12～24小时达到高峰，2～5天下降至正常，但其升高幅度和疾病严重程度无关。淀粉酶有唾液型和胰腺型两种同工酶，测定胰腺型淀粉酶更有助于胰腺炎的诊断。并非所有急性胰腺炎患者的血清淀粉酶都升高，以下情况时淀粉酶可不升高：极重症急性胰腺炎、极轻胰腺炎、慢性胰腺炎急性发作和急性胰腺炎恢复期。尿液淀粉酶于发病后12～24小时才开始升高，下降较血清淀粉酶慢，在急性胰腺炎后期测定尿液淀粉酶更有临床应用价值。血清脂肪酶主要来源于胰腺，在急性胰腺炎发生后2～12小时内升高，24小时达峰值，一般可持续8～15天，其升高幅度大、持续时间长，诊断特异性优于血清淀粉酶。联合检测血清淀粉酶和脂肪酶能提高对急性胰腺炎诊断的灵敏性和特异性。②血钙：血钙下降和急性胰腺炎病情严重程度平行。③C反应蛋白：评估急性胰腺炎严重程度，胰腺坏死时增高更明显。④根据病情需要可选用电解质、血糖、血气分析、肝功能、肾功能和血脂等。

急性胰腺炎的治疗包含液体管理、禁食、镇痛镇静管理、抗生素的使用、营养支持、脏器功能支持、腹腔间室综合征的管理、局部并发症的处理及中医治疗等。重症急性胰腺炎因常伴有多种并发症，宜采用多学科协作诊治模式。

【思考题】

1. 引起血清淀粉酶增高的常见机制有哪些？血清淀粉酶增高常见于哪些疾病？

2. 简述急性胰腺炎的诊断标准,为什么极重症急性胰腺炎时血清淀粉酶可不增高?

（谢海涛）

实验 54　急性心肌梗死的实验诊断

急性心肌梗死（acute myocardial infarction，AMI）是指冠状动脉粥样硬化斑块破裂、血小板凝聚及管腔内血栓形成导致冠状动脉狭窄、阻塞使冠脉供血急剧减少或中断,引起心肌严重持久缺血达 20～30 分钟或以上,而引发的心肌急性坏死。AMI 分为急性 ST 段抬高型心肌梗死（ST-segment elevation myocardial infarction，STEMI）和急性非 ST 段抬高型心肌梗死（non-ST-segment elevation myocardial infarction，NSTEMI）,其诊断通常需要结合病史询问、体格检查、心电图、血液检查和心脏影像学检查等。下面以急性 ST 段抬高型心肌梗死为例,学习急性心肌梗死的实验诊断。

【实验目标】

知识目标:掌握急性心肌梗死实验室检测指标的临床应用,熟悉急性心肌梗死的诊断标准。

能力目标:学会解读检测报告单,综合分析急性心肌梗死相关实验室检测结果。

素质目标:围绕患者诊疗,培养科学的辩证思维,提高自主学习能力。

【检测报告单】

患者生化检测结果见表 5-18,多项指标异常。

表 5-18　患者生化检测结果

检测项目	结果	提示	参考区间	单位
总蛋白（TP）	73.0		65.0～85.0	g/L
白蛋白（ALB）	42.7		40.0～55.0	g/L
总胆红素（TBIL）	16.9		3.4～17.1	μmol/L
结合胆红素（CB）	5.6		0～6.8	μmol/L
丙氨酸转氨酶（ALT）	14		7～40	U/L
天冬氨酸转氨酶（AST）	40	↑	13～35	U/L
钾（K$^+$）	4.64		3.50～5.30	mmol/L
钠（Na$^+$）	134.9	↓	137.0～147.0	mmol/L
氯（Cl$^-$）	97.9	↓	99.0～110.0	mmol/L
钙（Ca）	2.36		2.11～2.52	mmol/L
尿素（UREA）	5.78		3.10～8.80	mmol/L
肌酐（CREA）	97	↑	41～81	μmol/L
尿酸（UA）	321		150～350	μmol/L
葡萄糖（GLU）	21.87	↑	3.90～6.10	mmol/L

续表

检测项目	结果	提示	参考区间	单位
总胆固醇（CHOL）	6.82	↑	<5.20	mmol/L
甘油三酯（TG）	2.53	↑	<1.70	mmol//L
高密度脂蛋白胆固醇（HDL-C）	1.40		1.03～2.07	mmol/L
低密度脂蛋白胆固醇（LDL-C）	5.04		<3.40	mmol/L
肌酸激酶（CK）	538	↑	40～200	U/L
肌酸激酶同工酶 MB（CK-MB）	48	↑	<25	U/L
乳酸脱氢酶（LD）	248		120～250	U/L
肌红蛋白（Mb）	2 039.9	↑	<75.0	ng/ml
碳酸氢根（HCO_3^-）	20.2	↓	23.0～29.0	mmol/L
C 反应蛋白（CRP）	16.8	↑	<6.0	mg/L

由于患者既往有 2 型糖尿病病史且血糖控制欠佳，所以血糖增高，结果为 21.87mmol/L。然而，患者 CK、CK-MB、Mb 的结果也增高，这又是什么原因呢？

【患者信息】

患者，女，64 岁，汉族。因"胸痛 4 小时"入院。

病史特点：①4 小时前劳累后出现胸痛，位于心前区，有压榨感，难以忍受，有肩背部放射，休息后症状无明显缓解，伴有乏力、恶心、呕吐等不适。②既往有 2 型糖尿病 10 余年，最高血糖 15.6mmol/L，不规律服用"二甲双胍"和"格列齐特"，血糖控制欠佳；结肠癌手术史（具体不详）。③查体：T 36.6℃，P 102 次/min，R 20 次/min，BP 148/76mmHg；痛苦面容，自动体位；双肺呼吸音清晰，双下肺可闻及少量细湿啰音；心率 102 次/min，律齐，心音偏低，各瓣膜听诊区未闻及病理性杂音；腹部平软，全腹无压痛，肠鸣音正常；双下肢不肿。④辅助检查：心电图示 V_2～V_7 导联 ST 段弓背向上抬高。

入院诊断：①急性前壁 ST 段抬高型心肌梗死，Killip Ⅱ级；②2 型糖尿病；③混合型高脂血症；④结肠癌术后。

鉴别诊断：①主动脉夹层：胸痛一开始即达高峰，常放射至背、肋、腹、腰和下肢，可结合超声心动图和胸主动脉血管成像进行诊断；②肺栓塞：可发生胸痛、咯血、呼吸困难和休克，可结合心电图和肺动脉血管成像予以鉴别；③急性心包炎：可有剧烈且持久心前区疼痛，疼痛与发热同时出现，呼吸和咳嗽时加重，心电图除 aVR 外，其余导联均有 ST 段弓背向下的抬高，T 波倒置，无异常 Q 波。通过典型临床表现、特征性心电图改变和检测心肌损伤标志物可对上述疾病进行鉴别。

【诊疗过程】

1. 患者 hs-cTnT、NT-proBNP、WBC 和 NEUT% 增高，见表 5-19。

表 5-19 患者 hs-cTnT、NT-proBNP 和 WBC 等检测结果

检测项目	结果	提示	参考区间	单位
高敏肌钙蛋白 T（hs-cTnT）	238	↑	<14	ng/L
N-末端 B 型利钠肽前体（NT-proBNP）	129	↑	<125	pg/ml
白细胞计数（WBC）	10.5	↑	3.5～9.5	10^9/L
中性粒细胞比率（NEUT%）	88.8	↑	50.0～70.0	%

2. 综合患者实验室检测及心电图表现，考虑急性心肌梗死，急诊经皮冠状动脉介入治疗（percutaneous coronary intervention，PCI）后心脏彩超提示：左心室壁广泛节段性运动异常，房、室腔径大小正常，三尖瓣口反流（轻度），左心收缩功能正常，心动过速。

3. 患者于 13 时 10 分就诊，首次心肌酶、Mb 和 hs-cTnT 检测于当日 14 时完成，后分别于入院当日 22 时、入院第二日 12 时、入院第四日 14 时检测了上述指标，结果见表 5-20。

表 5-20 不同时间点患者心肌酶学、Mb 和 hs-cTnT 检测结果

检测项目	单位	入院当日 14 时	入院当日 22 时	入院第二日 12 时	入院第四日 14 时
LD	U/L	248	1 830	1 485	898
CK	U/L	538	8 314	2 346	289
CK-MB	U/L	48	959	227	35
Mb	ng/ml	2 039.9	2 043.0	440.0	30.0
hs-cTnT	ng/L	238	1 640	1 220	560

【急性心肌梗死相关知识】

急性心肌梗死是一种起病突然，发展迅速，随时可能危及生命的心血管疾病。临床表现为突发胸骨后或心前区压榨性剧痛（持续时间长，休息和含用硝酸甘油无效），伴烦躁不安，出汗，还可伴发热、心动过速、低血压和胃肠道症状等，严重者可出现心律失常、心力衰竭、休克甚至猝死。

根据第 4 版"心肌梗死全球统一定义"，诊断急性心肌梗死除需要有 cTn（首选 hs-cTn）水平升高和/或降低，且至少有 1 次高于第 99 百分位值参考上限，还需要同时至少伴有下述临床心肌缺血证据之一，包括：①急性心肌缺血症状；②新发缺血性心电图改变；③新发病理性 Q 波；④影像学证据显示与缺血原因一致的节段性室壁运动异常或存活心肌丢失；⑤血管造影或尸检证实冠状动脉血栓。

怀疑发生急性心肌梗死时，为了明确诊断，根据心肌损伤标志物在心肌梗死发生时的动态变化，可视具体情况选择检测表 5-21 中的项目。

表 5-21 急性心肌梗死时心肌损伤标志物的动态变化

项目	开始时间 /h	峰值时间 /h	恢复时间 /h
Mb	0.5～2	6～9	24～36
H-FABP	0.5～3	6～8	12～24

项目	开始时间 /h	峰值时间 /h	恢复时间 /h
CTnI	3～6	10～24	120～240
CTnT	3～6	10～24	240～360
CK-MB 活性	4～6	9～24	48～72
CK-MB 质量	3～6	12～24	48～72
CK	3～8	10～36	72～96
LD	8～18	24～72	144～240

急性心肌梗死常用实验室检测指标包括心肌损伤标志物、心脏功能标志物和其他指标的检测。

1. 心肌损伤标志物

（1）心肌肌钙蛋白（cardiac troponin，cTn）：cTnT 和 cTnI 的增高水平与心肌细胞损伤严重程度相关，可用于 AMI 诊断、危险分层和预后评估。cTnT 和 cTnI 在 AMI 发生后 3～6 小时开始升高，10～24 小时达高峰，分别于 5～10 天和 10～15 天恢复正常。cTn 水平出现上升和 / 或下降，且至少有 1 次高于第 99 百分位值参考上限，同时具有临床缺血证据即可诊断 AMI；无临床缺血证据的 cTn 急性升高或下降，不能诊断为 AMI，诊断为急性心肌损伤。急性冠脉综合征（acute coronary syndrome，ACS）是一组由急性心肌缺血所引起的临床综合征，包括不稳定型心绞痛（unstable angina pectoris，UAP）、ST 段抬高型心肌梗死和非 ST 段抬高型心肌梗死。所有疑似 ACS 的患者均应检测 cTn，不同的检测方法使用不同的诊断流程和界值。就诊时首次检测高敏心肌肌钙蛋白（high-sensitivity cardiac troponin，hs-cTn）结果低于检出限时可排除胸痛时间 >3 小时急性胸痛患者的 AMI 风险，就诊时首次检测普通心肌肌钙蛋白（conventional cardiac troponin，con-cTn）结果如果为阴性或低于检出限不能直接排除 AMI，建议在 6 小时后再次检测，观察其变化。

（2）肌红蛋白（myoglobin，Mb）：Mb 广泛分布于心肌和骨骼肌中，在心肌损伤后迅速释放入血，在 AMI 发生后 0.5～2 小时开始升高，6～9 小时达高峰，24～36 小时恢复正常。Mb 特异性虽差，但升高早，下降快，可用于 AMI 早期诊断；如在短时间内再次升高，可辅助判断再梗死。

（3）肌酸激酶同工酶 MB（CK-MB）：AMI 发生后 CK-MB 持续处于高水平，说明心肌梗死持续存在；若下降后又升高，提示再梗死。临床常用免疫抑制法和质量检测法检测 CK-MB，质量检测法优于免疫抑制法。

（4）心型脂肪酸结合蛋白（heart-type fatty acid binding protein，H-FABP）：H-FABP 在心肌受损后很快释放入血，可用于 AMI 的早期排除和评估心肌梗死面积大小、冠状动脉再灌注效果。

（5）传统心肌酶学：包括 CK 和 LD，其灵敏性和特异性均不如上述心肌损伤标志物。

2. 心脏功能标志物 包括 B 型利钠肽（B-type natriuretic peptide，BNP）和 N- 末端 B 型利钠肽前体（N-terminal pro-B type natriuretic peptide，NT-proBNP），可用于 AMI 发生后心力衰竭监测和预后判断。NT-proBNP 在诊断心力衰竭上与 BNP 具有同等价值，但在预测死亡率上要优于 BNP。

3. 其他 AMI 发生后，超敏 C 反应蛋白、缺血修饰白蛋白等增高。

急性 ST 段抬高型心肌梗死是临床上常见的一种急危症，出现胸痛时应尽快就医，以便早发现和早诊断。治疗首要原则是尽快恢复心肌的血液灌注，可通过溶栓治疗或冠状动脉血运重建术来实现。此外，还需视情况对患者进行抗凝、抗血小板、抗心律失常等治疗，以便控制症状和处理并发症，防止猝死。

【思考题】

1. 简述 cTnT 和 cTnI 在临床应用中的区别。
2. 简述肌钙蛋白检测的影响因素。如何减少或消除干扰抗体对肌钙蛋白检测的影响？

（谢海涛）

实验 55 水、电解质和酸碱平衡的实验诊断

机体内的水分通过饮食和新陈代谢产生，在体内被各种机制调节，以保持身体的水平衡。电解质（钾、钠、氯等）在细胞内外的浓度差异产生了细胞膜的电位差，从而形成了神经传导、肌肉收缩等生理过程。酸碱平衡，即体液中氢离子（H^+）浓度的稳定。肺部通过呼出气体中二氧化碳调控血液中碳酸氢盐离子（HCO_3^-）浓度，肾脏通过排泄或重吸收氢离子和生成或排泄碳酸氢盐离子来维持血液的酸碱平衡。

水、电解质和酸碱平衡相互关联，通过多个器官的协同作用维持人体内环境的稳定和正常生理功能的运行。若水、电解质或酸碱平衡失调，可导致一系列疾病，如高钠血症、低钠血症、高钾血症、低钾血症、酸中毒、碱中毒等。下面，以糖尿病酮症酸中毒所致高钾血症为例，学习电解质和酸碱平衡的实验诊断与鉴别诊断。

【实验目标】

知识目标：掌握电解质和血气临床生物学检测指标的应用；熟悉酸碱平衡紊乱的判断；了解钾、钠、氯的实验室检测路径。

能力目标：学会解读电解质和血气检测报告单，综合分析水、电解质、酸碱平衡紊乱的相关实验室检测结果。

素质目标：从本质出发，追寻真相，树立科学的探索精神。

【检测报告单】

患者急诊生化部分检测结果见表 5-22。

表 5-22 患者急诊生化主要检测结果

检测项目	结果	提示	参考区间	单位
天冬氨酸转氨酶（AST）	32		13～35	U/L
尿素（UREA）	6.81		2.60～7.5	mmol/L
肌酐（CREA）	95		41～73	μmol/L
尿酸（UA）	495	↑	150～350	μmol/L
钾（K^+）	6.34	↑	3.50～5.30	mmol/L
钠（Na^+）	138.3		137.0～147.0	mmol/L

检测项目	结果	提示	参考区间	单位
氯（Cl⁻）	105.9		99.0～110.0	mmol/L
镁（Mg）	0.84		0.75～1.02	mmol/L
钙（Ca）	2.20		2.11～2.52	mmol/L
碳酸氢根（HCO_3^-）	<5.0	↓	23.0～29.0	mmol/L
乳酸脱氢酶（LD）	214		120～250	U/L
肌酸激酶（CK）	40		40～200	U/L
肌酸激酶同工酶（CK-MB）	2.78		<4.87	ng/ml
高敏肌钙蛋白T（hs-cTnT）	0.075		0.02～0.13	ng/L

根据该单位检测项目危急值设定标准，血清钾危急值为<2.80mmol/L或>6.20mmol/L。该患者血清钾6.34mmol/L属于危急值。

按照危急值报告程序，首先查看标本状态（无溶血）、血钾室内质量控制（在控）、是否更换试剂（无）等。为了排除偶然误差，将标本复测，结果为6.37mmol/L。为了排除标本可能被抗凝剂（如EDTA）污染或被稀释等分析前误差，建议医生重新抽血送检复查，复查结果为6.38mmol/L。该患者的血清钾属于真危急值，按照该单位危急值报告流程，报告了危急值。

此外，患者的HCO_3^-<5.0mmol/L，低于检测下限。

患者的肝脏、肾脏、心脏等指标均无明显异常。那么，引起患者高钾及低碳酸氢根的原因是什么？

【患者信息】

患者，女，49岁，已婚，汉族。因"口干多饮7年余，头晕伴呼吸困难1天"入院。

病史特点：①中年女性，既往健康状况良好，否认肝炎、结核等传染病史，否认高血压、癫痫等慢性病史，否认手术、外伤、输血史，否认食物、药物过敏史，预防接种史不详。②7年余前，患者因口干多饮于当地医院就诊，诊断为"糖尿病"，予"二甲双胍、格列美脲"口服降糖治疗并饮食控制，自测空腹血糖6.0～7.0mmol/L，餐后血糖11.0～12.0mmol/L。1个月前，患者自行更换降糖药物，现用药"二甲双胍片每次2片、每天3次，阿卡波糖每次2片、每天3次"，未监测血糖。1天前，患者因"上呼吸道感染"头晕乏力，随后胸闷、呼吸困难，家属遂送至某院急诊就诊，诊断为"糖尿病酮症酸中毒"。病程中患者精神差，多饮，食欲缺乏，大小便大致正常，近期体重无明显改变。③查体：面色潮红，甲状腺不大。双肺呼吸音清，未闻及干湿性啰音。心界不大，心率90次/min，律齐，各瓣膜听诊区未闻及杂音。腹平软，无压痛，肝脾肋下未触及，移动性浊音（-）。双下肢无水肿。④辅助检查：白细胞计数$10.2×10^9$/L、中性粒细胞百分比84.5%；胸部CT：右肺下叶炎性灶，右侧叶间胸膜局部增厚，食管中下段管壁增厚。

入院诊断：①糖尿病酮症酸中毒；②呼吸道感染。

鉴别诊断：①成年人隐匿性自身免疫性糖尿病（LADA）；②青少年发病的成人型糖尿病

（MODY）；③暴发性1型糖尿病。

【诊疗过程】

1. 接到危急值报告后，患者的血气分析结果（表5-23）为 pH 7.00、PCO_2 14mmHg、HCO_3^- 5.30mmol/L、TCO_2 11.2mmol/L，综合判断为代谢性酸中毒。

表5-23　患者血气分析结果

检测项目	结果	提示	参考区间	单位
LAC	1.7	↑	0.36～1.25	mmol/L
酸碱度（pH）	7.00	↓	7.350～7.450	
二氧化碳分压（PCO_2）	14.0	↓	35.0～45.0	mmHg
氧分压（PO_2）	150.0	↑	80.0～100.0	mmHg
阴离子间隙（AG）	17.90	↑	8.00～16.00	mmol/L
碳酸氢根（HCO_3^-）	5.30	↓	22.0～27.0	mmol/L
二氧化碳总量（TCO_2）	11.2	↓	24.0～32.0	mmol/L
剩余碱（BE）	−20.1		−3.0～3.0	mmol/L
氧饱和度（SO_2）	98.6		93.0～99.0	%
血细胞比容（Hct）	47	↑	35～45	%
钾（K^+）	6.10	↑	3.50～5.30	mmol/L
钠（Na^+）	134.0	↓	137.0～147.0	mmol/L
氯（Cl^-）	108.0	↑	99.0～110.0	mmol/L
钙（Ca^{2+}）	1.07		1.10～1.34	mmol/L

加测血糖：23.60mmol/L。

2. 患者尿液分析结果见表5-24，尿糖++++、尿酮体+++。

表5-24　患者尿液干化学和尿沉渣定量分析结果

检测项目	结果	参考区间	单位
尿干化学			
尿胆原（UBG）	阴性（−）	阴性（−）	
尿糖（GLU）	++++	阴性（−）	
比重（SG）	1.022	1.003～1.030	
尿亚硝酸盐（NIT）	阴性（−）	阴性（−）	
尿蛋白（PRO）	+	阴性（−）	
尿酮体（KET）	+++	阴性（−）	
尿酸碱度（pH）	5.0	4.5～8.0	

续表

检测项目	结果	参考区间	单位
尿隐血（BLD）	阴性（－）	阴性（－）	
尿沉渣定量			
白细胞（WBC）	4.00	0.0～13.0	个/μl
红细胞（RBC）	4.30	0.0～18.00	个/μl
上皮细胞（EC）	6.80	0.0～40.00	个/μl
细菌（BACT）	5		个/μl
管型（CAST）	1.18	0.00～3.00	个/μl

3. 进一步检测：糖化血红蛋白（HbA1c）14.80%（参考区间 4%～6%），提示血糖控制不佳；胰岛素原（Pro-INS）48pg/ml（参考区间 30～180pg/ml）、抗人胰岛素抗体（IAA）5.40IU/ml（参考区间 <10.00IU/ml）、谷氨酰脱羧酶抗体（GADA）19.70IU/mL（参考区间 <10.00IU/mL）、空腹 C- 肽（Cps）0.84ng/ml（参考区间 0.3～1.3ng/ml），均未显示明显异常。

综上，患者诊断为 2 型糖尿病酮症酸中毒。

4. 对症治疗后，复查电解质和血气分析，显示：血钾（4.61mmol/L）、pH 7.39，酸中毒得到明显纠正。

【高钾血症相关知识】

回到本案例的开头，患者高钾危急值的原因是什么？

通常把血清钾大于 5.30mmol/L，称为高钾血症。其形成机制主要有三种情况（图 5-2）：①排泄减少；②细胞内转移至细胞外；③摄入过多。

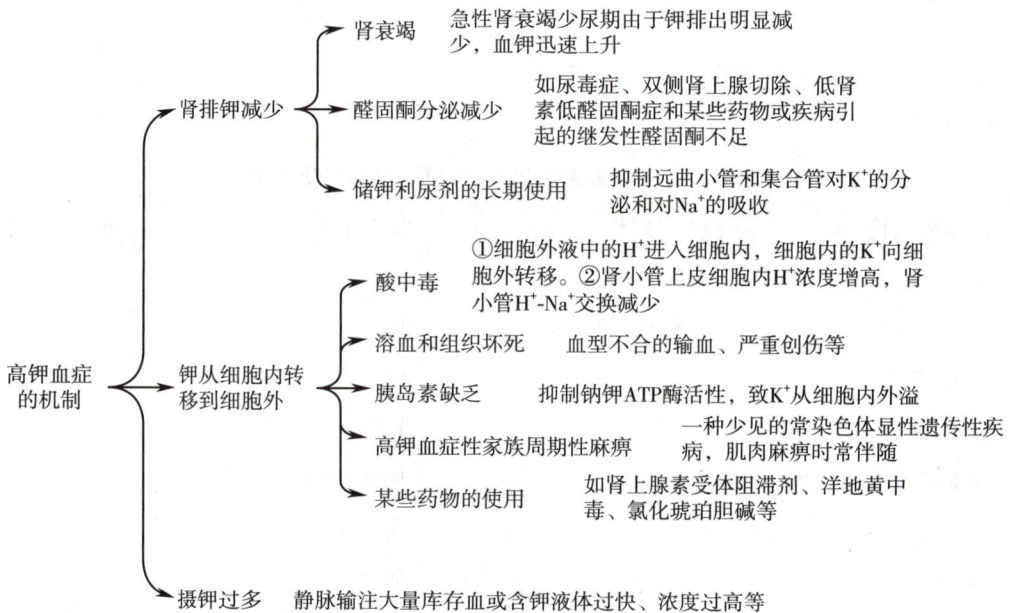

图 5-2　高钾血症的机制

综上,该患者肾功能正常、没有使用储钾利尿剂、输血等情况,其高钾血症与糖尿病性酮症引起的代谢性酸中毒有关。

【思考题】

1. 该患者诊断为 2 型糖尿病酮症酸中毒的实验室依据有哪些?
2. 试述高钾血症的概念、形成机制及对机体的影响。
3. 试述酸碱平衡紊乱的类型及判断思路。

（李洪春）

实验 56 甲状腺疾病的实验诊断

甲状腺是人体最大的内分泌腺体,其分泌的甲状腺激素是人体不可缺少的激素,对人体的各种代谢起着重要作用,对维持细胞生命活动至关重要。

甲状腺功能紊乱常见检测指标有:促甲状腺激素(TSH),甲状腺激素(TT_4、TT_3、FT_4、FT_3),甲状腺自身抗体(TPOAb、TgAb、TRAb),甲状腺球蛋白(Tg)等。

【实验目标】

知识目标:掌握甲状腺疾病临床生物化学检测指标的应用;熟悉甲状腺毒症、甲状腺功能减退等疾病的诊断。

能力目标:学会解读甲状腺功能报告单,综合分析甲状腺疾病相关实验室检查结果。

素质目标:培养思辨能力,运用知识解决实际问题的能力。

【检测报告单】

表 5-25 为患者甲状腺功能报告,该患者 TSH 降低,FT_3、FT_4 及 T_3、T_4 均升高,是否能诊断为甲状腺功能亢进(甲亢)?

表 5-25 患者甲状腺功能检测结果

检测项目	结果	提示	参考区间	单位
促甲状腺激素(TSH)	0.006	↓	2～10	mIU/L
三碘甲腺原氨酸(T_3)	4.83	↑	1.6～3.0	nmol/L
游离三碘甲腺原氨酸(FT_3)	14.4	↑	6.0～11.4	pmol/L
甲状腺素(T_4)	288	↑	65～155	nmol/L
游离甲状腺素 T_4(FT_4)	45.9	↑	10.3～25.7	pmol/L

【患者信息】

患者,女,31 岁,因"咽部疼痛 20 余天,加重 10 天"入院。

病史特点:20 余天前,患者受凉后感咽部疼痛,未重视。10 天前,咽部疼痛加重,伴颈部肿胀、触痛,自觉心率增快,急诊入院。查体示咽部充血,扁桃 Ⅰ 度肿大,甲状腺 Ⅱ 度肿大,心率 98 次/min,心音正常,心律齐,心脏各瓣膜区无杂音,双侧肺呼吸音对称,双肺呼吸音清晰,未闻及干湿啰音,触诊全腹柔软,无压痛,无反跳痛,肠鸣音活跃,无双下肢水肿。

入院诊断:亚急性甲状腺炎。

鉴别诊断：Graves 病。

【诊疗过程】

患者 TT_3、TT_4、FT_3、FT_4 均升高，TSH 降低，同时伴有心率增快的症状，存在甲状腺毒症，但不能诊断为甲亢。

为进一步探究甲状腺毒症病因，该患者进一步实验室检测结果见表 5-26。

表 5-26 患者其他实验室检测结果

检测项目	结果	提示	参考区间	单位
甲状腺球蛋白（Tg）	100	↑	<85	µg/L
抗甲状腺球蛋白抗体（TgAb）	27.7		<115	IU/ml
抗过氧化物酶抗体（TPOAb）	10.10		<34	IU/ml
抗 TSH 受体抗体（TRAb）	0.84		<1.75	IU/L
C 反应蛋白（CRP）	92.3	↑	<2.87	mg/L

患者自身抗体均为阴性，可基本排除 Graves 病（GD）。其中 TRAb 有助于甲状腺毒症的病因鉴别，血 TRAb 升高可提示为 GD 甲亢。

Tg 是甲状腺滤泡上皮分泌的糖蛋白，在甲状腺炎症时，可因炎症破坏滤泡细胞导致 Tg 水平明显升高，炎症控制后则很快恢复正常。结合该患者有感染病史，CRP 升高，甲状腺有触痛，提示患者可能为炎症造成的甲状腺毒症。

综合患者以上症状、实验室检查及甲状腺超声，患者诊断为亚急性甲状腺炎。

【甲状腺疾病相关知识】

1. 甲状腺毒症诊断流程（图 5-3）

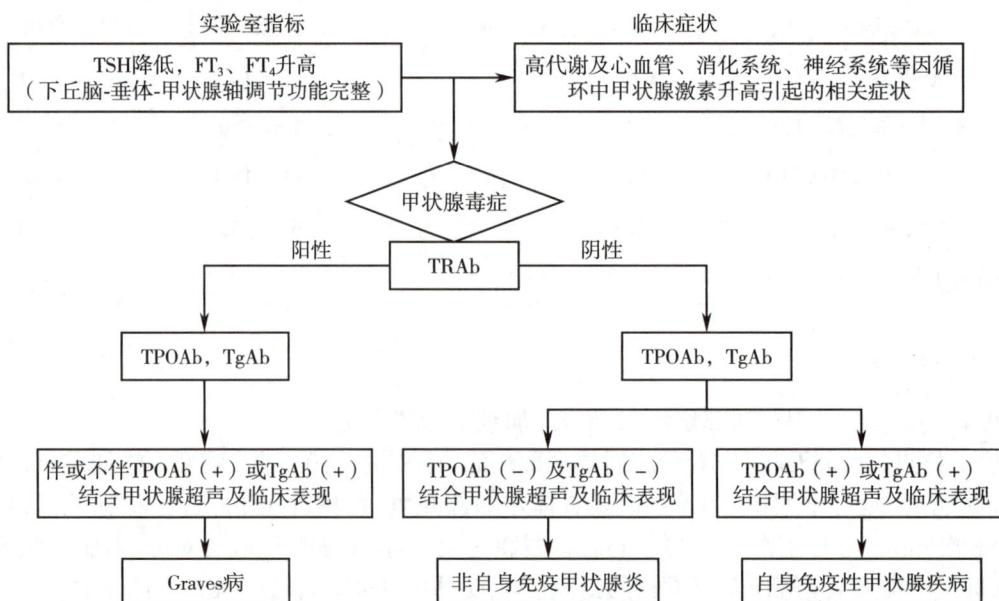

图 5-3 甲状腺毒症诊断流程

2. **甲状腺毒症**(thyrotoxicosis)是指血液循环中甲状腺激素过多,引起以神经、循环、消化等系统兴奋性增高和代谢亢进为主要表现的一组临床综合征,可分为甲亢性甲状腺毒症和非甲亢性甲状腺毒症。其中甲亢性甲状腺毒症是由于甲状腺自主持续性合成和分泌过多的甲状腺激素所致,毒性弥漫性甲状腺肿(Graves disease,GD)是甲亢最常见的原因;非甲亢性甲状腺毒症则是因为甲状腺破坏导致甲状腺激素入血过多或外源甲状腺激素摄入过多,但甲状腺合成激素的能力并未增强。不同病因引起的甲状腺毒症患者临床表现相似,但治疗方案和预后不同,在临床上需要仔细鉴别甲状腺毒症的病因。

除了 TRAb、甲状腺彩超以外,甲状腺 ^{131}I 摄取率也可辅助甲状腺毒症的病因鉴别,GD 可表现摄取能力增强或正常;炎症等破坏性甲状腺毒症时 ^{131}I 摄取能力降低;外源摄入过量甲状腺激素时摄取率几乎接近零。如患者高度怀疑 GD,但 TRAb 阴性,可进行甲状腺 ^{131}I 摄取率检测。

3. **亚急性甲状腺炎** 病因未明,多数患者于上呼吸道感染后发病,常认为与病毒感染有关,也可发生于非病毒感染之后。其诊断标准为:①急性起病,有发热等全身症状;②甲状腺疼痛、肿大且质硬;③血清甲状腺激素浓度升高与甲状腺摄碘率降低双向分离;④促甲状腺受体抗体(TRAb)或甲状腺刺激抗体(TSAb)阴性。

4. **甲状腺疾病相关实验室指标**

(1)促甲状腺激素(TSH):TSH 是由腺垂体分泌的激素,血清 TSH 是评价甲状腺功能最可靠、最灵敏的指标。根据 TSH 及甲状腺激素变化可帮助确定病变部位。

(2)甲状腺素(T_4)和三碘甲腺原氨酸(T_3):血清中 T_4 全部为甲状腺分泌而来,故 T_4 是反映甲状腺功能较好的指标,但受甲状腺结合蛋白(TBG)影响很大。

(3)游离甲状腺素(FT_4)、游离三碘甲腺原氨酸(FT_3):血清中游离状态的 T_3 和 T_4,不受甲状腺结合球蛋白的影响,可直接反映甲状腺的功能状态,可用于诊断甲亢、甲减,监测治疗阶段的甲状腺功能。

(4)促甲状腺受体抗体(TRAb):TRAb 是自身免疫性甲状腺疾病患者体内产生的自身抗体,有助于甲状腺毒症的病因鉴别,阳性提示 Graves 甲亢。TRAb 还可以作为抗甲状腺药物(ATDs)治疗停药和预测复发的指标。

(5)抗甲状腺球蛋白抗体(TgAb)和甲状腺过氧化物酶抗体(TPOAb):是反映甲状腺自身免疫异常的指标。

(6)甲状腺球蛋白(Tg):Tg 是甲状腺滤泡上皮分泌的糖蛋白,是分化型甲状腺肿瘤残留和复发的标志物。亚急性甲状腺炎时,Tg 水平明显升高,炎症控制后则很快恢复正常。

【思考题】

1. 请阐述甲状腺功能减退的实验室诊断思路。
2. 甲状腺球蛋白是否能作为分化型甲状腺肿瘤的标志物? 并请阐述理由。

(宋昊岚)

附　录　临床生物化学常用缓冲液的配制

附表1　磷酸氢二钠 - 磷酸二氢钾缓冲液（0.1mol/L）

pH（20℃）	0.1mol/L Na$_2$HPO$_4$/ml	0.1mol/L KH$_2$PO$_4$/ml
5.29	2.5	97.5
5.59	5.0	95.0
5.91	10.0	90.0
6.24	20.0	80.0
6.47	30.0	70.0
6.64	40.0	60.0
6.81	50.0	50.0
6.98	60.0	40.0
7.17	70.0	30.0
7.38	80.0	20.0
7.73	90.0	10.0
8.04	95.0	5.0
8.34	97.5	2.5

附表2　磷酸氢二钠 - 柠檬酸缓冲液

pH	0.2mol/L Na$_2$HPO$_4$/ml	0.1mol/L 柠檬酸·H$_2$O/ml
2.2	4.0	196.0
2.4	12.4	187.6
2.6	21.8	178.2
2.8	31.7	168.3
3.0	41.1	158.9
3.2	49.3	150.7
3.4	57.0	143.0
3.6	64.4	135.6
3.8	71.0	129.0
4.0	77.1	122.9

续表

pH	0.2mol/L Na$_2$HPO$_4$/ml	0.1mol/L 柠檬酸·H$_2$O/ml
4.2	82.8	117.2
4.4	88.2	111.8
4.6	93.5	106.5
4.8	98.6	101.4
5.0	103.0	97.0
5.2	107.2	92.8
5.4	111.5	88.5
5.6	116.0	84.0
5.8	120.9	79.1
6.0	126.3	73.7
6.2	132.2	67.8
6.4	138.5	61.5
6.6	145.5	54.5
6.8	154.5	45.5
7.0	164.7	35.3
7.2	173.9	26.1
7.4	181.7	18.3
7.6	187.3	12.7
7.8	191.5	8.5
8.0	194.5	5.5

附表3 三羟甲基氨基甲烷（Tris）- 盐酸缓冲液（每种混匀用去离子水稀释至 100ml）

pH（20℃）	pH（37℃）	0.1mol/L Tris/ml	0.1mol/L HCl/ml
7.20	7.05	50.0	45.0
7.36	7.22	50.0	42.5
7.54	7.40	50.0	40.0
7.66	7.52	50.0	37.5
7.77	7.63	50.0	35.0
7.87	7.73	50.0	32.5
7.96	7.82	50.0	30.0
8.05	7.90	50.0	27.5

续表

pH（20℃）	pH（37℃）	0.1mol/L Tris/ml	0.1mol/L HCl/ml
8.14	8.00	50.0	25.0
8.23	8.10	50.0	22.5
8.32	8.18	50.0	20.0
8.40	8.27	50.0	17.5
8.50	8.37	50.0	15.0
8.62	8.48	50.0	12.5
8.74	8.60	50.0	10.0
8.92	8.78	50.0	7.5
9.10	8.95	50.0	5.0

附表4　乙酸钠-乙酸缓冲液（0.2mol/L）

pH（25℃）	0.2mol/L CH_3COONa/ml	0.1mol/L CH_3COOH/ml
3.6	7.5	92.5
3.8	12.0	88.0
4.0	18.0	82.0
4.2	26.5	73.5
4.4	37.0	63.0
4.6	48.0	52.0
4.8	59.0	41.0
5.0	70.0	30.0
5.2	79.0	21.0
5.4	86.0	14.0
5.6	91.0	9.0
5.8	94.0	6.0

附表5　碳酸钠-碳酸氢钠缓冲液（0.1mol/L）

pH（20℃）	0.1mol/L Na_2CO_3/ml	0.2mol/L $NaHCO_3$/ml
9.16	10.0	90.0
9.40	20.0	80.0
9.51	30.0	70.0
9.78	40.0	60.0

pH（20℃）	0.1mol/L Na$_2$CO$_3$/ml	0.2mol/L NaHCO$_3$/ml
9.90	50.0	50.0
10.14	60.0	40.0
10.28	70.0	30.0
10.53	80.0	20.0
10.83	90.0	10.0

附表6　巴比妥钠-盐酸缓冲液

pH（25℃）	0.1mol/L 巴比妥钠 /ml	0.1mol/L HCl/ml
7.0	53.6	46.4
7.2	55.4	44.6
7.4	58.1	41.9
7.6	61.5	38.5
7.8	66.2	33.8
8.0	71.6	28.4
8.2	76.9	23.1
8.4	82.3	17.7
8.6	87.1	12.9
8.8	90.8	9.2
9.0	93.6	6.4

附表7　甘氨酸-盐酸缓冲液（0.1mol/L）（每种混匀用去离子水稀释至 100ml）

pH（25℃）	0.2mol/L 甘氨酸 /ml	0.2mol/L HCl/ml
2.0	50.0	44.0
2.4	50.0	32.4
2.6	50.0	24.2
2.8	50.0	16.8
3.0	50.0	11.4
3.2	50.0	8.2
3.4	50.0	6.4
3.6	50.0	5.0

附表8 柠檬酸钠-盐酸缓冲液(0.2mol/L)

pH(18℃)	0.1mol/L 柠檬酸钠 /ml	0.1mol/L HCl/ml
1.17	10.0	90.0
1.93	20.0	80.0
2.97	30.0	70.0
3.69	40.0	60.0
4.16	50.0	50.0
4.45	60.0	40.0
4.65	70.0	30.0
4.83	80.0	20.0

附表9 柠檬酸钠-氢氧化钠缓冲液

pH(20℃)	0.1mol/L 柠檬酸钠 /ml	0.1mol/L NaOH/ml
5.11	90.0	10.0
5.31	80.0	20.0
5.57	70.0	30.0
5.98	60.0	40.0
6.34	55.0	45.0
6.69	52.5	47.5

(姜艳梅)

[1] 尚红，王毓三，申子瑜.全国临床检验操作规程.4版.北京：人民卫生出版社，2015.

[2] 倪培华.临床生物化学检验技术实验指导.北京：人民卫生出版社，2015.

[3] 尹一兵，倪培华.临床生物化学检验技术.北京：人民卫生出版社，2015.

[4] 尚红，王兰兰.实验诊断学.3版.北京：人民卫生出版社，2015.

[5] 葛均波，徐永健，王辰.内科学.9版.北京：人民卫生出版社，2018.

[6] 柯培锋，赵朝贤.临床生物化学检验技术实验指导.武汉：华中科技大学出版社，2021.

[7] 中华人民共和国公安部.法庭科学　生物检材中巴比妥等46种安眠镇静类药物筛选　第2部分：液相色谱-质谱法：GA/T 1902.2—2021.北京：中国标准出版社，2022.

[8] 全国刑事技术标准化技术委员会毒物分析分技术委员会.法庭科学　疑似易制毒化学品中丙酮等5种物质检验　气相色谱-质谱法：GA/T 2049—2023.北京：中国标准出版社，2023.

[9] 中华人民共和国司法部司法鉴定管理局.血液和尿液中108种毒（药）物的气相色谱-质谱检验方法：SF/Z JD0107014—2015.[2024-06-01].https://www.moj.gov.cn/pub/sfbgw/zwfw/zwfwbgxz/202101/1565869778272044576.pdf.

[10] 国家药品监督管理局.医学实验室　质量和能力的要求　第4部分：临床化学检验领域的要求：GB/T 22576.4—2021.[2024-06-01].https://openstd.samr.gov.cn/bzgk/std/newGbInfo?hcno=3116E8C17123C96E2EE321D94BC8867F.

[11] 李莉，彭奕冰.临床实验室质量管理基础实验指导.北京：人民卫生出版社，2020.

[12] 中国医师协会检验医师分会心血管专家委员会.心肌肌钙蛋白实验室检测与临床应用中国专家共识.中华医学杂志，2021，101（37）：2947-2961.

[13] 中国血脂管理指南修订联合专家委员会.中国血脂管理指南（2023年）.中华心血管病杂志，2023，51（3）：221-255.

[14] 中华人民共和国国家卫生健康委员会.临床化学检验基本技术标准：WS/T 804—2022.[2024-06-01].http://www.nhc.gov.cn/wjw/s9492/202211/2f9791c34785434bb908e5fdcef7228b/files/1739781650620_80040.pdf.

[15] 中华医学会急诊医学分会，上海市医学会急诊专科分会.急性胰腺炎急诊诊治专家共识.中华急诊医学杂志，2024，33（4）：470-479.

[16] 中华人民共和国国家卫生健康委员会.临床实验室生物安全指南：WS/T 442—2024.[2024-06-01].http://www.nhc.gov.cn/wjw/s9492/202404/589f2e3d20494d99abd6bebc293d77a7/files/1739781668101_79991.pdf.

[17] 中华人民共和国国家质量监督检验检疫总局，中国国家标准化管理委员会.实验室　生物安全通用要求：GB 19489—2008.北京：中国标准出版社，2009.

[18] 中华医学会糖尿病学分会.中国糖尿病防治指南（2024版）.中华糖尿病杂志，2025，17（1）：16-139.

[19] 中华医学会肝病学分会.原发性胆汁性胆管炎的诊断和治疗指南（2021）.中华内科杂志，2021，60（12）：

1024-1037.

[20] 中华医学会内分泌学分会，中国医师协会内分泌代谢科医师分会，中华医学会核医学分会，等．中国甲状腺功能亢进症和其他原因所致甲状腺毒症诊治指南．中华内分泌代谢杂志，2022，38（8）：700-748.

[21] BISHOP M L，FODY E P，SICLEN C V. Clinical chemistry：principles，techniques，and correlations.9th ed.Burlington：Jones & Bartlett Learning Company，2023.

[22] BURTIS C A，BRUNS D E. Tietz fundamentals of clinical chemistry and molecular diagnostics. 7th ed. Philadelphia：W.B. Saunders Company，2014.

[23] RIFAI N，HORVATH A R，WITTWER C T. Tietz fundamentals of clinical chemistry and molecular diagnostics. 8th ed. Philadelphia：W.B.Saunders Company，2018.

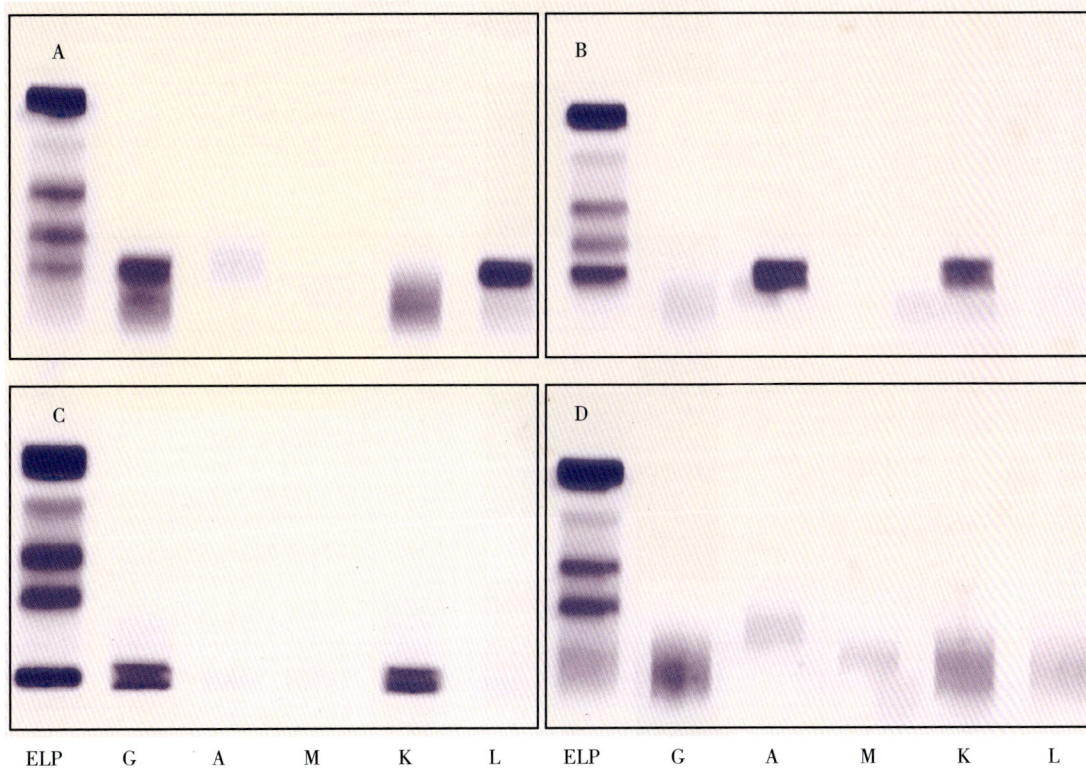

彩图2-1　免疫固定电泳分型M蛋白
A. IgG λ 型；B. IgA κ 型；C. IgG κ 型；D. M蛋白阴性。

血脂亚组分检测报告单

姓名	****	性别	女	条码号	*****
年龄	77岁	临床诊断	冠心病	报告时间	*****

	单位	风险			参考区间			上次结果	趋势
		低	中	高	合适水平	边缘升高	升高		
总胆固醇（TC）LDL & HDL & VLDL	mmol/L	2.99			<5.17	5.17~6.21	>6.21		
甘油三酯（TG）（酶比色法）	mmol/L			3.64	<1.69	1.69~2.26	>2.26		
高密度脂蛋白胆固醇（HDL-C）HDL$_2$ & HDL$_3$	mmol/L			0.62	>1.03	N/A	≤1.03		
低密度脂蛋白胆固醇（LDL-C）LDL$_{4+3+2+1}$ & Lp（a）& IDL	mmol/L	1.31			<3.36	3.36~4.14	>4.14		
非高密度脂蛋白胆固醇（LDL & VLDL）	mmol/L	2.37			<4.14	4.14~4.91	>4.91		
小而密低密度脂蛋白胆固醇（sd-LDL）	mmol/L	0.380			男（20~44岁）0.246~1.393 男（45~79岁）0.264~1.362 女（20~54岁）0.243~1.109 女（55~79岁）0.264~1.362				
富含胆固醇亚组分	低密度脂蛋白（LDL$_{4+3+2+1}$）| mmol/L	0.81			<2.59	2.59~3.36	≥3.36		
	高密度脂蛋白2（HDL$_2$）| mmol/L			0.24	>0.26	N/A	≤0.26		
	高密度脂蛋白3（HDL$_3$）| mmol/L			0.38	>0.78	N/A	≤0.78		
富含甘油三酯亚组分	中间密度脂蛋白（IDL）| mmol/L	0.40			<0.52	0.52~0.75	>0.75		
	极低密度脂蛋白（VLDL）| mmol/L			1.06	<0.78	N/A	≥0.78		
	极低密度脂蛋白3（VLDL$_3$）| mmol/L			0.40	<0.26	0.26~0.34	>0.34		
	脂蛋白残粒（IDL+VLDL$_3$）| mmol/L			0.80	<0.78	N/A	≥0.78		
	LDL密度模式（A、A/B、B）|	A			A	A/B	B		
遗传风险	脂蛋白（a）[Lp（a）]（乳胶增强免疫比浊法）| mg/L	27.3			<300.00	N/A	≥300.00		

彩图2-3　血脂亚组分检测报告单

仪器种类 ＿＿＿＿＿＿＿＿＿＿＿＿＿　　　　　操作者 ＿＿＿＿＿＿＿＿＿＿＿＿＿

分析物/试验方法 ＿＿＿＿＿＿＿＿＿＿＿＿＿　　　　　年/月 ＿＿＿＿＿＿＿＿＿＿＿＿＿

质控品 ＿＿＿＿＿＿＿＿＿＿＿＿＿　　　　　批号及有效期 ＿＿＿＿＿＿＿＿＿＿＿＿＿

平均数（$\overline{X}$）＿＿＿＿＿＿＿＿＿＿＿＿＿　　　　　标准差（S）＿＿＿＿＿＿＿＿＿＿＿＿＿

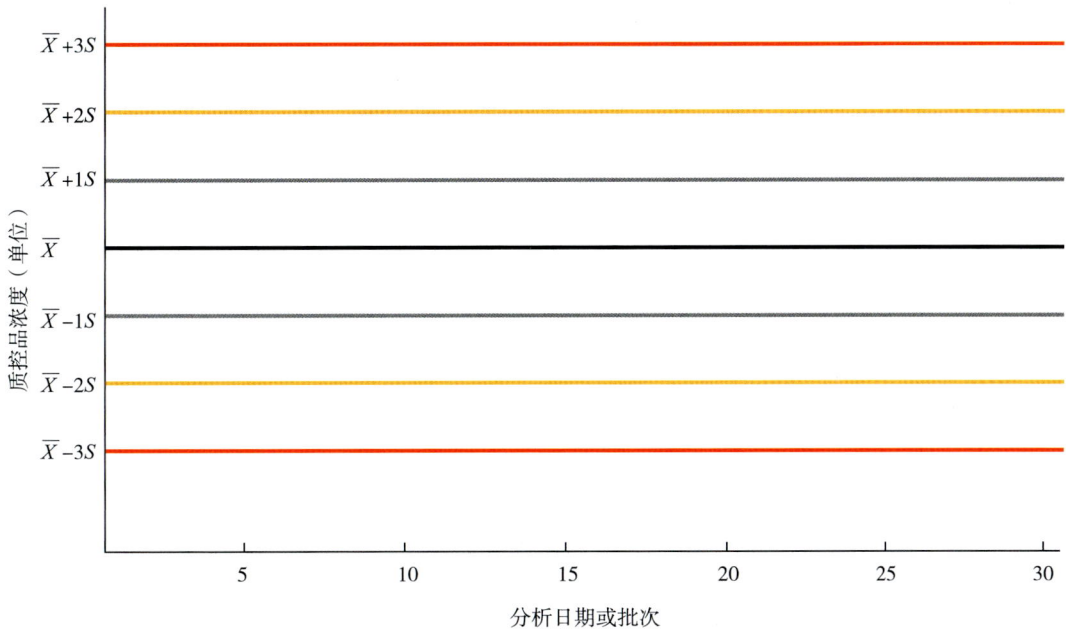

彩图 4-1　Levey-Jennings 质控图